El Incendio de Peshtigo de 1871

Una guía fascinante sobre el incendio forestal más mortífero de la historia de los Estados Unidos de América que tuvo lugar en el noreste de Wisconsin

© Copyright 2021

Todos los derechos reservados. Ninguna parte de este libro puede ser reproducida de ninguna forma sin el permiso escrito del autor. Los revisores pueden citar breves pasajes en las reseñas.

Descargo de responsabilidad: Ninguna parte de esta publicación puede ser reproducida o transmitida de ninguna forma o por ningún medio, mecánico o electrónico, incluyendo fotocopias o grabaciones, o por ningún sistema de almacenamiento y recuperación de información, o transmitida por correo electrónico sin permiso escrito del editor.

Si bien se ha hecho todo lo posible por verificar la información proporcionada en esta publicación, ni el autor ni el editor asumen responsabilidad alguna por los errores, omisiones o interpretaciones contrarias al tema aquí tratado.

Este libro es solo para fines de entretenimiento. Las opiniones expresadas son únicamente las del autor y no deben tomarse como instrucciones u órdenes de expertos. El lector es responsable de sus propias acciones.

La adhesión a todas las leyes y regulaciones aplicables, incluyendo las leyes internacionales, federales, estatales y locales que rigen la concesión de licencias profesionales, las prácticas comerciales, la publicidad y todos los demás aspectos de la realización de negocios en los EE. UU., Canadá, Reino Unido o cualquier otra jurisdicción es responsabilidad exclusiva del comprador o del lector.

Ni el autor ni el editor asumen responsabilidad alguna en nombre del comprador o lector de estos materiales. Cualquier desaire percibido de cualquier individuo u organización es puramente involuntario.

Contents

INTRODUCCIÓN 1
CAPÍTULO 1 - ANTES DEL INCENDIO 3
CAPÍTULO 2 - LA VIDA EN PESHTIGO 11
CAPÍTULO 3 - CENIZA COMO LA NIEVE 18
CAPÍTULO 4 - LA NATURALEZA ALZÓ LA VOZ 27
CAPÍTULO 5 - UN HOLOCAUSTO DE FUEGO 36
CAPÍTULO 6 - ENTRE LAS CENIZAS 48
CAPÍTULO 7 - DESTELLOS DE ESPERANZA 60
CAPÍTULO 8 - COMPUESTO DE VIENTO Y FUEGO 72
CAPÍTULO 9 - LOS INCENDIOS FORESTALES A LO LARGO DE
LA HISTORIA DE ESTADOS UNIDOS 81
CONCLUSIÓN 94
VEA MÁS LIBROS ESCRITOS POR CAPTIVATING HISTORY 97
FUENTES 98

Introducción

Es probable que la mayoría de las personas que lean este libro nunca hayan oído hablar de un lugar llamado Peshtigo. No es de extrañar: esta pequeña ciudad a orillas del lago Michigan no es un lugar destacable en la actualidad. Sus habitantes son menos de cuatro mil, y no hay nada particularmente especial en ella a primera vista.

Pero se debe ver dos veces su lema. "Una ciudad reconstruida desde las cenizas".

Puede que Peshtigo sea hoy una pequeña ciudad más de Wisconsin, pero hace ciento cincuenta años no era más que cenizas. Esta ciudad fue una de las más afectadas por el incendio forestal más mortífero de la historia de Estados Unidos, y no, no estoy hablando del gran incendio de Chicago, aunque también ocurrió la misma noche. El gran incendio de Peshtigo de 1871 se cobró cuatro veces más vidas que el incendio de Chicago y, sin embargo, este cruel giro del destino lo ha dejado casi desapercibido, mientras que la historia (falsa) de la vaca de Catherine O'Leary sigue resonando a lo largo de los siglos con incesante vigor.

La historia del gran incendio de Peshtigo no se ha contado lo suficiente y, sin embargo, es una historia que cautivará a todos los lectores. Algunas partes parecen rozar la ciencia ficción: árboles que explotan al calor del fuego, un tornado hecho de llamas que arrasa toda una ciudad en una sola hora, pájaros atrapados y quemados en el aire. Sin embargo, todo ello es cierto, al igual que las historias de las personas que presenciaron el incendio de primera mano y sobrevivieron a él.

Siga leyendo para descubrir las historias de los valientes hombres, mujeres e incluso niños que, de alguna manera, se enfrentaron al incendio más mortífero de Estados Unidos y vivieron para contar sus fascinantes historias. Corra junto a Amelia Desrochers, una niña de cinco años, mientras huye de la horda de llamas que avanza. Pase seis horas en el gélido río Peshtigo con el padre Peter Pernin mientras veía cómo el cielo se convertía en fuego sobre su cabeza. Sienta la desesperación de Lars Korstad mientras luchaba por salvar a su mujer y a su hija de nueve días. Y escóndase en un pozo oscuro con el adolescente Joseph LaCrosse, haciendo todo lo posible por salvar a una niña del más horrible de los destinos.

Esta no es solo la historia de un gran incendio. Esta es una historia de esperanza, sacrificio y supervivencia.

Capítulo 1 - Antes del incendio

Ilustración I: Un miembro de la tribu Ojibwe, fotografiado en 1913

La pequeña ciudad de Peshtigo, Wisconsin, con una población de menos de cuatro mil personas, descansa a orillas del impresionante lago Michigan, no lejos de la más conocida ciudad de Green Bay. Hoy en día, Peshtigo es más conocida por el incendio que casi la destrozó. Pero esta pequeña y tenaz ciudad tiene siglos de historia a sus espaldas, que comenzó mucho antes de que se iniciaran las llamas.

Las pruebas arqueológicas más antiguas que se ha podido desenterrar de seres humanos viviendo en el actual Wisconsin se remontan a miles de años atrás. Antiguamente, los verdes bosques y los serenos lagos del "Estado del Tejón" estaban ocultos bajo una tremenda capa de permafrost. En lugar de bosques interminables, Wisconsin era una tundra, con su subsuelo permanentemente congelado. Criaturas gigantescas vagaban por un páramo helado: castores de dos metros de altura, perezosos de seis metros de largo que pesaban cuatro toneladas, bueyes almizcleros con cuernos extendidos y enormes mastodontes. Estos últimos se parecían un poco a los elefantes, salvo que pesaban casi dos toneladas más y tenían colmillos de dos metros de largo.

Pero incluso estos gigantes no eran invencibles. El mastodonte de Boaz, un fósil descubierto en 1897 por unos niños que jugaban en una cantera, es una prueba de ello. Esta criatura de tres metros de altura —cuyos huesos descansan ahora en un museo de Wisconsin— pudo haber sido asesinada por cazadores humanos, a juzgar por la punta de lanza de cuarcita estriada que se encontró junto a ella. Los paleoindios, los primeros habitantes humanos de los actuales Estados Unidos, podrían haber cruzado el estrecho de Bering cuando aún estaba congelado durante la Edad de Hielo. Hace unos 9.000 años, vivían en la tundra de Wisconsin, actuando como cazadores-recolectores nómadas que se desplazaban allí donde iban sus enormes presas. No se sabe con certeza si realmente podían cazar estos gigantescos animales o si simplemente se dedicaban a hurgar en sus cadáveres, pero se han encontrado numerosos yacimientos arqueológicos donde estos antiguos pueblos procesaban toneladas y toneladas de carne.

Durante miles de años, los paleoindios llevaron un estilo de vida sencillo, viajando por la superficie helada de Wisconsin en busca de animales del tamaño de edificios. Su dieta consistía en gran parte en carne, ya que la vida vegetal era escasa en este desierto helado. Pero el mundo empezó a cambiar. Empezó a descongelarse y a crecer lo verde, y las enormes criaturas de las que vivían los paleoindios acabaron por desaparecer. Llegó una nueva era: el Período Arcaico.

A partir del año 4000 a. C., el Período Arcaico vio cómo la gente tenía que cambiar sus costumbres mientras luchaba por sobrevivir en un mundo muy diferente. Los grandes bosques de coníferas habían crecido a medida que la tundra retrocedía, revelando los lagos que hoy conocemos.

El suelo, que había estado congelado durante milenios, también se había descongelado, dejando al descubierto tesoros naturales ocultos en las profundidades del suelo. El antiguo Wisconsin, como muchos otros lugares de Estados Unidos, era extremadamente rico en cobre. Pero, a diferencia de otros estados, el cobre de Wisconsin no estaba presente en forma de óxido de cobre u otros compuestos de cobre; en cambio, el metal de cobre puro estaba presente en muchos sitios diferentes y era fácilmente accesible, incluso con métodos rudimentarios de minería. El pueblo que se levantó en esta zona pasó a ser conocido como la Cultura del Cobre.

Los habitantes de la Cultura del Cobre poblaron gran parte de la zona de los Grandes Lagos, incluido Wisconsin, y estaban realmente adelantados a su tiempo. Aprendieron a calentar el cobre para hacerlo más maleable, a martillarlo y a doblarlo para darle diversas formas y crear todo tipo de objetos. Algunos de ellos, sobre todo en el periodo arcaico temprano, eran puramente utilitarios: puntas de flecha, anzuelos, arpones e incluso herramientas para trabajar la madera. Pero con el paso del tiempo, y a medida que la paz y la estabilidad traían prosperidad a la Cultura del Cobre, la gente empezó a dedicarse a hacer cosas más delicadas. Alrededor del año 2000 a. C. se crearon brazaletes y adornos, y la Cultura del Cobre fue también una de las primeras naciones americanas en practicar el entierro ritual.

En el período de las tierras boscosas, que comenzó alrededor del año 1000 a. C., la Cultura Hopewell llevó el concepto de entierro ritual un paso más allá.

Al llegar a la zona de Wisconsin, los hopewellianos se encontraron con un mundo que tenía un aspecto muy diferente al de la tundra rica en presas donde habían vivido los paleoindios. Ahora, Wisconsin se había cubierto totalmente de bosques. Las presas se mantenían en equilibrio gracias a la abundancia de depredadores naturales, y la gente recurría cada vez más a la vida vegetal para alimentarse, en lugar de comer la dieta cárnica de los anteriores. Por primera vez, el suelo de Wisconsin fue labrado y plantado, y los hopewellianos comenzaron a cultivar.

Esta gente también cazaba, pero su dieta básica consistía en maíz. Los campos de maíz estaban plantados alrededor de sus pequeñas aldeas. Este pueblo ya no era nómada. Eran gente de la tierra, y dejaron su huella en el lugar donde vivían construyendo grandes túmulos para sus muertos.

Pero los túmulos no son el único legado de estos pueblos antiguos. Algunos de los túmulos que construyeron son mucho más misteriosos.

En el primer milenio a. C. se construyeron algunos de los hitos históricos más famosos de Estados Unidos: los grandes túmulos de efigies. Estas enormes construcciones de tierra amontonada serían proezas de la ingeniería incluso hoy en día, y más aún hace tres mil años. No está claro cómo se construyeron exactamente ni por qué. Hoy en día quedan tres mil, aunque es posible que hubiera hasta veinte mil de estas misteriosas construcciones. La mayoría son lugares de sepultura, posiblemente de personas importantes o de alto rango en la sociedad hopewelliana. Están hechos a imagen y semejanza de todo tipo de animales, como osos, ciervos, conejos y pájaros, y a veces de personas, como el Túmulo del Hombre, cerca de Baraboo (Wisconsin). Se cree que estos animales y personas representan espíritus que eran importantes en la religión hopewelliana, pero sus verdaderos orígenes siguen rodeados de misterio. Este legado milenario de los hopewellianos perdura hasta nuestros días; sin embargo, su significado, hasta ahora, no.

Los montículos de tierra también siguieron siendo importantes para los pueblos posteriores. Los pueblos del Mississippi, que llegaron a Wisconsin en torno al año 1050 d. C. mientras se expandían río arriba, daban un uso más práctico a las construcciones que creaban con la tierra. Estos pueblos establecieron un asentamiento en la actual Aztalan, en el sur de Wisconsin, donde cazaban algunos animales, pero sobre todo cultivaban. Desde su asentamiento se extendían vastos campos de maíz en todas direcciones, donde vivían en wigwams, pero también construyeron grandes recintos de tierra que todavía pueden verse. Estos muros de tierra se utilizaban probablemente para mantener a raya a los enemigos, aunque su finalidad exacta es incierta.

Generaciones de nativos vivieron en lo que hoy es Estados Unidos durante miles de años cuando empezaron a llegar los primeros europeos. El primer europeo que puso sus ojos en Wisconsin fue un joven extraordinario llamado Jean Nicolet. Era un joven cuyo acercamiento a esos pueblos nativos era único, ya que era totalmente pacífico.

* * * *

Jean nació en Normandía, Francia, en 1598, hijo de un cartero real y su esposa. El siglo XVII fue una época de gran expansión colonial. Fue durante la vida de Jean que zarpó el *Mayflower*, y mientras los británicos se concentraban en la construcción de la colonia de Plymouth, los franceses ocupaban Canadá desde 1534 y trataban de encajar sus agendas con la realidad de que los nativos americanos ya habían establecido sus hogares en las tierras que los franceses esperaban reclamar.

Jean era todavía un joven cuando supo que lo que más deseaba era ver el Nuevo Mundo con sus propios ojos. Era un joven agradable y tranquilo, con un don para los idiomas que le sería muy útil en la vida posterior. No le fue difícil conseguir un pasaje a Canadá en un barco, y se trasladó al Nuevo Mundo de forma más o menos permanente en 1619, a la edad de 22 años.

Tenía 35 años cuando fue enviado a su expedición más famosa. Con una canoa y algunas provisiones, Jean fue enviado a donde ningún europeo había ido antes: a lo largo de los Grandes Lagos. Acompañado por siete guías de la zona de Hurón, remó de un lago poderoso a otro, y aunque nadie puede envidiarle los peligros a los que debió enfrentarse —desde animales salvajes hasta aguas inexploradas—, debió de tener una visión absolutamente impresionante de la naturaleza americana, no tocada por la contaminación. Wisconsin estaba en pleno verano cuando él llegó, y los lagos estaban tan quietos como el cristal y tan poderosos como los mares; le rodeaban los árboles crecientes, bosques centenarios llenos de animales espléndidos y gente recelosa.

Entre los pueblos que habitaban la zona de Wisconsin en aquella época se encontraban los Ho-Chunk y los Menominee. Nunca habían visto a una persona de piel blanca, y mucho menos a una vestida con la extravagancia de un explorador honorable. Las coloridas ropas de Jean les confundían, al igual que el largo objeto metálico que llevaba a su lado, un objeto que podía escupir la muerte en cualquier momento. Trágicamente, los europeos armados eran un espectáculo con el que los nativos americanos se familiarizarían demasiado en los años siguientes.

Pero para los Ho-Chunk era una buena noticia porque Jean no era como los demás exploradores. La codicia y la arrogancia de Colón era algo que no traía consigo en su primera expedición a Wisconsin. De hecho, es posible que Jean se llevara mejor con los nativos que con los suyos. Poco después de su llegada a Canadá, en 1619, Jean se instaló con los nipissing del lago Hurón y se hizo amigo de ellos hasta el punto de participar en sus consejos. Jean no era un colono. Era un diplomático.

Gracias a su dominio de la lengua nipissing, Jean pudo comunicarse hasta cierto punto con los Ho-Chunk, y no tardó en hacerse amigo de ellos también. Siguió viajando por la zona de Wisconsin, dirigiéndose cada vez más al norte y encontrándose con los Ho-Chunk cerca de Green Bay (no muy lejos del lugar donde se construiría Peshtigo), que acabaría convirtiéndose en uno de los primeros asentamientos europeos en Wisconsin. Allí, lejos de provocar guerras y enfrentamientos, Jean medió entre los Ho-Chunk y una tribu vecina, poniendo fin a un conflicto que se había cobrado muchas vidas entre ellos. Fue aclamado como amigo y pacificador, y cuando llegó el invierno, Jean lo pasó felizmente con los Ho-Chunk como si fuera uno de los suyos.

Durante casi cien años después de la llegada de Jean, los franceses siguieron más o menos su ejemplo de paz y diplomacia con los nativos. En 1685 se estableció Fort St. Nicholas, y los franceses empezaron a comerciar activamente con los nativos al establecer un bullicioso comercio de pieles de animales como el visón y el armiño. A principios del siglo XVIII, los franceses se habían establecido firmemente en la zona junto a los nativos americanos, importando incluso esclavos de África.

Sin embargo, la paz no duró mucho. Lamentablemente, las relaciones entre franceses y nativos americanos acabaron por seguir el mismo camino que la mayoría de las relaciones entre europeos y nativos americanos. En 1728 se declaró una guerra abierta con otra tribu, los indios fox, y el sangriento conflicto continuó hasta que dos tercios de los fox murieron y se vieron obligados a abandonar la zona.

Treinta años después, la tierra por la que tanto habían luchado los franceses les fue arrebatada cuando los británicos tomaron el control de Wisconsin. Durante la ocupación británica, cada vez más europeos empezaron a asentarse en la zona de lo que sería Peshtigo, a menos de cincuenta millas de la propia Green Bay. La zona había sido bastante explorada por los comerciantes de pieles franceses cuando llegaron los británicos. Sin embargo, los británicos estaban menos interesados en las pieles y más en la minería; en el siglo XIX, muchos de ellos solo llegaron a la zona temporalmente y, en lugar de construir casas, se limitaron a excavar en las laderas cercanas a sus minas; de ahí que el término "Estado del Tejón" se convirtiera más tarde en el apodo de Wisconsin.

Los británicos mantuvieron Wisconsin durante solo veinte años antes de que la Revolución Americana se deshiciera de los grilletes del Viejo Mundo y dejara el estado en manos de los colonos americanos con la firma del Tratado de París en 1783. Se convirtió en el 30º estado en 1848, pero mucho antes de que Wisconsin se convirtiera en un estado, los estadounidenses comenzaron a expandirse cada vez más en sus vastas tierras vírgenes.

Dos de esos estadounidenses fueron David Jones y Erastus Bailey. Al llegar a las orillas del lago Michigan en 1838, los dos hombres vieron el enorme potencial de los bosques de Wisconsin. Decidieron que un aserradero sería enormemente útil en la zona, y tenían razón. Su aserradero pronto estuvo muy ocupado, ya que el comercio de la madera floreció en la zona, alimentando el voraz apetito de unos Estados Unidos en expansión que necesitaban madera para construir casas para una población en auge. En pocos años, un pequeño pueblo había surgido alrededor del aserradero.

Se le dio el nombre de los nativos americanos, Peshtigo. Dependiendo del dialecto, podía significar "tortuga mordedora", "río de gansos salvajes" o "rápidos". Cualquiera que fuera el significado del nombre del pueblo, sus habitantes eran pacíficos y prósperos, trabajando duro en la excitante vida fronteriza que llevaban, y completamente inconscientes del terrible desastre que les iba a sobrevenir.

Capítulo 2 - La vida en Peshtigo

El gran incendio de Peshtigo es uno de esos acontecimientos históricos cuya lectura puede parecer casi surrealista. Muchas cosas de este incendio parecen casi incomprensibles: la magnitud del mismo, la rapidez con la que devastó tantas vidas. Pero esta parte de la historia es muy real, y en ella participaron personas reales y normales que buscaban una vida mejor en una floreciente ciudad fronteriza estadounidense.

El final del siglo XIX había traído algo parecido a la estabilidad a los Estados Unidos después de un siglo de agitación, que comenzó con la Revolución americana y solo se asentó después del devastador y sangriento conflicto de la guerra civil americana. Una vez terminada la guerra, los estadounidenses empezaron a poner sus ojos en las fronteras de su enorme y casi inexplorado país. Mientras que cientos de ellos se dirigieron al oeste, otros se dirigieron al norte. El gran periodo de expansión estadounidense había comenzado.

Wisconsin no era una excepción. Era un paraíso de recursos naturales, no solo para los estadounidenses, sino también para las avalanchas de inmigrantes procedentes del superpoblado Viejo Mundo. Con sus colinas ricas en plomo, sus tierras fértiles y sus grandes bosques de árboles útiles, Wisconsin atraía a miles de personas. De hecho, el estado albergaba alrededor de un millón de personas a finales del siglo XIX. La construcción de una línea de ferrocarril en el estado se convirtió en una línea vital para su economía, y los negocios empezaron a florecer.

Muchos de estos negocios eran, al principio, granjas. Se vendían en parcelas de ochenta acres a 1,25 dólares el acre, lo que significaba que las familias empobrecidas podían comprar un terreno de tamaño útil por el equivalente a unos 2.000 dólares en la actualidad. Pero había un inconveniente: estas tierras eran completamente salvajes. No habían sentido la presión de un arado desde la época de los misisipianos, casi mil años antes, y grandes bosques habían crecido donde antes había campos de maíz, lo que hacía casi imposible cultivar allí. Sin embargo, la tierra era fértil y estas familias estaban decididas a encontrar una manera de sobrevivir. A pesar de que una familia pequeña podía tardar una década en despejar una granja de tamaño medio, se dedicaron a ello con buena voluntad, sabiendo que tenían que hacerlo para sobrevivir.

Una familia que estaba dispuesta a hacer casi todo para sobrevivir era la familia Desrochers. Ellos vivían en las típicas condiciones primitivas de los pioneros. Su choza de una sola habitación hacía que *La pequeña casa de la pradera* pareciera un hotel de cinco estrellas en comparación. Solo tenía una ventana y apenas había espacio para los dos padres y los cinco hijos. Entre ellos había una niña llamada Amelia. Con solo cinco años, Amelia era demasiado joven para ser parte real de la tremenda lucha que su familia estaba atravesando para establecerse como granjeros, pero esa lucha era evidente a medida que un contratiempo tras otro los golpeaba. Recientemente, el padre de Amelia, Charles, había caído enfermo. Como estaba postrado en la cama, no podía trabajar ni alimentar a su familia, y la preocupación aumentaba a medida que pasaban los días. La agricultura nunca ha sido un trabajo fácil, pero en aquella época era casi demasiado difícil de imaginar.

Para hacer aún más difícil la vida de las familias de agricultores en Wisconsin, uno de sus cultivos más importantes había sido casi completamente eliminado durante la guerra civil. Los chinches — pequeños escarabajos grises y blancos que se alimentan de las plantas— habían atacado las cosechas de trigo durante esa época, causando una devastación absoluta en lo que había sido uno de los cultivos más importantes de la zona. Desesperados por sobrevivir, los agricultores no tuvieron más remedio que convertir sus campos de trigo en tierras de pastoreo y encontrar un animal que pudiera prosperar allí. Ese animal resultó ser la vaca lechera.

En la década de 1870, la ganadería lechera era la empresa agrícola más común en todo el estado. Las familias de Peshtigo solían tener una o dos vacas —casi todas las granjas eran autosuficientes hasta cierto punto, y una vaca doméstica era parte integral de la alimentación de la familia—, pero ahora el queso y la mantequilla se convirtieron en algunas de las exportaciones más importantes de Wisconsin. Alrededor del 90% de las granjas tenían vacas lecheras. Al final, esto resultó ser algo bueno (incluso algo que salvó la vida) para la familia Villers, y ni siquiera cultivaban en Peshtigo.

No está claro por qué los Villers habían llegado a Peshtigo durante ese fatídico octubre de 1871. Vivían en otro lugar de Wisconsin, así que es posible que hubieran ido a quedarse con familiares. En cualquier caso, ese día se alojaron en una casa de Peshtigo. Martin y Octavia Villers eran padres de una hermosa niña llamada Florence. También habían adoptado a un niño huérfano. Las enfermedades y los accidentes se cobraron cientos de personas en la frontera, y los padres de Joseph LaCrosse, de catorce años, estaban entre los que no tuvieron tanta suerte. Muchos huérfanos de la frontera tenían que valerse por sí mismos. Joseph había tenido la suerte de ser acogido por los Villers, y parecía saberlo, tratándolos con la más profunda gratitud y formando un poderoso vínculo con la pequeña Florence.

Sin embargo, no todos los habitantes de Peshtigo eran agricultores. Bailey y Jones habían sospechado, cuando construyeron su aserradero en 1838, que la zona era prometedora para la industria maderera, y tenían razón. La América del siglo XIX tenía un apetito insaciable por la madera: casas, ferrocarriles, vagones, papel... todos necesitaban árboles. Los estadounidenses procesaban los grandes bosques de Wisconsin más rápido de lo que los leñadores podían derribarlos. En una época en la que no había motosierras ni camiones, los árboles tenían que ser cortados a mano con sierras y hachas, un proceso laborioso que implicaba a un gran número de personas. Por ello, gente de todo tipo acudía a Peshtigo para trabajar en la industria maderera.

Uno de esos trabajadores del aserradero era Lars Korstad, que había recorrido un largo camino para trabajar en Peshtigo. Nacido en Noruega, Lars dejó atrás un Viejo Mundo superpoblado para buscar fortuna en pastos más verdes, y esos pastos resultaron ser Wisconsin. Al llegar en 1864, Lars apenas tenía un centavo a su nombre. De hecho, era tan pobre que solo podía pagar el pasaje a través del mar para una persona, lo que significaba que su amada esposa tenía que quedarse en Noruega. La dejó con la promesa de que trabajaría duro y ganaría suficiente dinero para traerla también a América, promesa que cumplió. Le costó tres años de trabajo agotador como constructor de molinos en Peshtigo, pero lo consiguió. En 1867, la señora Korstad se unió a él.

Los Korstad vivían en una pequeña choza que era aún más pobre que la de los Desrochers. No había dinero para un verdadero suelo de madera; en cambio, se limitaban a cubrir la tierra con aserrín en un intento de evitar el frío y la humedad. La ropa de cama también consistía en sacos llenos de aserrín. No había electricidad en esta zona rural, y debía de ser terriblemente primitivo para la Sra. Korstad. Sin embargo, al menos estaban juntos.

Fue en este pequeño y desesperado refugio donde la señora Korstad dio a luz a su primer hijo. Lars estaba trabajando la noche del 30 de septiembre de 1871, cuando la señora Korstad sintió los primeros dolores de parto; estaba completamente sola en su pequeña y sucia casa cuando dio a luz a una niña. Cuando Lars llegó a casa, se encontró con que su mujer acunaba a su pequeña hija en brazos, habiéndola traído al mundo valientemente sin ayuda. Llamaron a la niña Anna, que significa "gracia".

Los Korstad eran solo un ejemplo de los inmigrantes que llegaron a Wisconsin, considerando que incluso esa vida primitiva era mucho mejor que la que habían dejado atrás. Llegaron de todo el Viejo Mundo, incluyendo Alemania, Escandinavia, Irlanda, Inglaterra e Italia, por nombrar solo algunos. Caminando por la calle principal de Peshtigo, uno podía escuchar todo tipo de acentos diferentes en pocos minutos. Pero la diversidad no llegaba hasta el color de la piel. La gran mayoría de los inmigrantes que llegaron a Wisconsin eran caucásicos; solo un 10% de la población de Peshtigo era de ascendencia africana. El resto estaba formado por blancos y lo que quedaba de los nativos americanos. Estos eran los ojibwe, que significa "fruncido", en referencia a las costuras fruncidas de los mocasines que llevaban. Sin embargo, este era el nombre con el que les llamaban otras tribus. La tribu Ojibwe se llamaba a sí misma "anishinaabe", "pueblo verdadero".

Contactados por primera vez hacia 1615, cuando el explorador francés Samuel de Champlain —el gobernador a cuyo cargo estaba Jean Nicolet— llegó a la zona del lago Hurón, los ojibwe mantuvieron al principio excelentes relaciones con los europeos. Aunque se pusieron del lado de los franceses y comerciaron con ellos con éxito, sus mayores enemigos durante el siglo XVII fueron otros nativos, principalmente los iroqueses. Los iroqueses fueron conquistados en 1701, y los ojibwe vivieron pacíficamente durante más de un siglo junto a los franceses y más tarde a los británicos. Hubo una pequeña revuelta contra los británicos a mediados del siglo XVIII, pero los ojibwe de Wisconsin se mantuvieron al margen y, en general, estaban bastante contentos con sus nuevos vecinos.

Todo cambió cuando los estadounidenses se involucraron. Más o menos al mismo tiempo que se construía Peshtigo, los expansionistas estadounidenses empezaron a exigir que los nativos se apartaran de su camino. Los ojibwe, que luchaban en una guerra con la tribu Dakota, no disponían de la mano de obra necesaria para luchar contra los estadounidenses, y se vieron obligados a ceder la gran mayoría de sus tierras a los blancos estadounidenses durante la década de 1840. Incluso esto no fue suficiente. Los ojibwe corrían el riesgo de que les arrebataran todas sus tierras de Wisconsin, y solo pudieron aferrarse a una pequeña zona cediendo las tierras que aún conservaban en Minnesota.

En 1871, los ojibwe estaban confinados en minúsculas reservas, que consistían en tierras infértiles que no servían en absoluto para la agricultura. Se vieron obligados a vender incluso estas tierras a la industria maderera para poder sobrevivir y se convirtieron en poco más que esclavos que trabajaban para las propias empresas madereras.

Es comprensible entonces que la tensión entre los residentes blancos y ojibwe de Peshtigo fuera muy alta. Los blancos seguían desconfiando de los "salvajes" y los consideraban inferiores; los ojibwe eran muy conscientes de que los estadounidenses les habían arrebatado toda su forma de vida y la mayoría de sus posesiones. Sin embargo, nada de esto pudo detener a un joven granjero blanco llamado Abram Place.

Abram era un joven común y corriente que buscaba lo que la mayoría de los jóvenes de la época querían: una vida y una compañera adecuada con quién compartirla. Sin embargo, su corazón nunca fue capturado por las chicas estadounidenses que vivían en el pueblo. En cambio, se enamoró perdidamente de una encantadora joven ojibwe, cuyo nombre se ha perdido en la historia. Su amor estaba prohibido; habría sido un escándalo social de proporciones épicas, desaprobado tanto por la familia de él como por la de ella, pero eso no pudo detener a ninguno de los dos. Abram se casó con ella a pesar de todo, y fue totalmente rechazado por la mayoría de Peshtigo. Se encontró viviendo con un pie en ambos mundos, pero al menos tenía una granja y una mujer a la que amaba con quién compartirla.

Sin embargo, los parientes de la muchacha ojibwe acabaron por apreciarlo. Y esto fue probablemente lo que lo salvó de la devastación que estaba por venir.

Abram Place fue considerado loco por el resto de Peshtigo. Otra persona que se encontró en cierto modo al margen de la sociedad fue el padre Peter Pernin.

El padre Pernin, un misionero católico canadiense nacido en Francia, no fue del todo bien recibido por la mayoría de los residentes de Peshtigo, que eran en su mayoría protestantes. Sin embargo, todavía había algunos católicos. Pero eran tan pocos que el padre Pernin no atendía una parroquia, sino dos: iba y venía entre Peshtigo y la vecina Marinette, que tenía una iglesia católica. La iglesia católica de Peshtigo estaba todavía en construcción.

El propio padre Pernin era un hombre ágil de unos cuarenta años que vivía en una pequeña casa cerca del río Peshtigo. Su casa se encontraba en el lugar más insólito, entre la iglesia a medio construir y la taberna cercana. Tenía previsto trasladarse en breve a un presbiterio recién terminado en Marinette, ya que se trataba de una ciudad más grande, pero de momento se quedaba en Peshtigo con su caballo, su perro, su ama de llaves y su arrendajo azul como mascota.

El padre Pernin sentía que su misión estaba empezando a despegar en Peshtigo y Marinette, y que el futuro del catolicismo en ambas ciudades era brillante.

No sabía que su futuro, en general, no era brillante. Estaba en llamas.

Capítulo 3 - Ceniza como la nieve

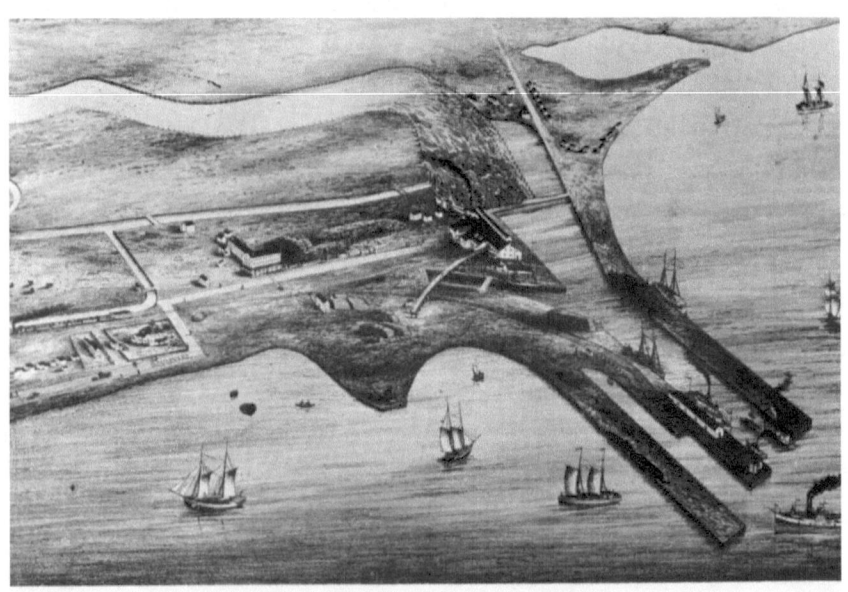

Ilustración II: Una imagen contemporánea del Peshtigo Times

El otoño de 1871 llegó a Peshtigo con toda la gloria habitual de un otoño en los bosques del norte. Entre las oscuras salpicaduras de los pinos de hoja perenne, los árboles de hoja caduca se volvieron de ardientes tonos de rojo sangriento y oro. Los residentes de Peshtigo estaban ocupados con la temporada más ajetreada de todas: recogiendo arándanos, cortando heno, cosechando cultivos. Pero a medida que se acercaba el Día de Acción de Gracias, en lugar de gratitud, la gente estaba llena de preocupación. El verano no había sido amable con ellos.

Una sequía había llegado a Peshtigo con una fuerza estranguladora que sus habitantes nunca habían visto. Desde el 8 de julio de ese año, casi no había llovido. El 5 de septiembre solo cayó una pequeña llovizna, una mera gota en la reseca garganta de la tierra, ni de lejos suficiente. La tierra estaba exhausta, agotada, gastada.

Para el pueblo, la sequía era una crisis grave e inmediata. Agricultores como las familias Desrochers y Place se enfrentaron a un desastre casi total. El ganado estaba demacrado y los huesos de sus caderas sobresalían como los soportes de los sombreros; incluso las mejores vacas lecheras tenían las ubres encogidas y daban poca leche. Los cultivos se marchitaban y morían en los campos cuando deberían estar repletos de grandes mazorcas. Las mujeres y los niños recogían tarros de pequeñas y lamentables moras para el invierno. Los ojibwe recogían arándanos de las llanuras que habían alimentado a su pueblo durante generaciones, pero la cosecha era escasa y el pueblo se enfrentaba a un invierno de hambre.

Para la familia Korstad, el trabajo de Lars como aserrador se había complicado en gran medida por el hecho de que había grandes dificultades para llevar los enormes troncos desde las escarpadas zonas del norte del bosque, donde habían sido cortados, hasta Peshtigo para que los cortaran los leñadores. El millonario propietario del aserradero y antiguo primer alcalde de Chicago, William Ogden, había decidido hacer flotar esos troncos por el río Ohio. Pero la sequía había drenado el nivel del agua hasta tal punto que las grandes barcas de troncos no pudieron pasar. En su lugar, había que bajarlos con bestias de carga, y era un método de lo más ineficaz, por lo que los Korstad se preparaban para la afluencia de troncos que llegaría en invierno, cuando se pudieran construir pistas heladas y bajarlos en trineos.

El propio bosque parecía enroscarse y morir en las colinas por las que había desfilado desde el periodo boscoso. En palabras de un residente anónimo: "Los bosques de pinos eran yesca, listos y ansiosos para morirse con el fuego. Toda la naturaleza estaba tan seca y miserable que pedía a gritos la muerte".

También el padre Pernin sentía que había algo siniestro en esos bosques. Tuvo dos encuentros cercanos con pequeños incendios ese otoño. Una vez, mientras cazaba faisanes con un niño preadolescente como guía, él y el niño se encontraron perdidos y pronto rodeados de pequeñas llamas. Los padres del niño, por suerte para ellos, fueron a buscarlos; tuvieron que sofocar las llamas para que el padre Pernin y el niño pudieran escapar. En otra ocasión, mientras conducía entre sus parroquias, el padre Pernin se encontró con un muro de llamas en el arcén de la carretera. El humo oscurecía tanto la carretera que no sabía si podría pasar con seguridad. Decidió que tenía que intentarlo o arriesgarse a quedar atrapado por el fuego y, de alguna manera, consiguió convencer a su caballo para que atravesara el humo, del que salieron al otro lado, asustados pero ilesos. Sin embargo, al padre Pernin le preocupaba la posibilidad de que hubiera más.

De todas formas, no tenían otro lugar al que ir. Ya habían huido de una vida que consideraban mucho peor que esta, y ya no había vuelta atrás. Siguieron preparándose para el invierno como pudieron, con la esperanza de sobrevivir.

Parte de ese trabajo consistía en desbrozar la tierra para poder cultivarla en la primavera siguiente. Despejar la tierra era una tarea ardua e interminable en los espesos bosques de la frontera de Wisconsin. Los cultivos y los pastos no podían plantarse o sembrarse a menos que se hubiera despejado el terreno. Para consternación de los ojibwe que los observaban, los pioneros no tenían ninguna reverencia por los árboles que habían crecido allí durante siglos. Los talaron incluso cuando no necesitaban la madera para sus propias casas o canoas. Apilando la maleza, enviaban los troncos a procesar al aserradero y luego los quemaban. La quema era rápida y caliente, y las chispas saltaban en todas las direcciones hasta que se consumía en manchas de ceniza blanca sobre la tierra ennegrecida. Los tocones eran más difíciles de tratar. No había que desenterrarlos, pues las raíces llevaban cientos de años aferradas a la tierra. En lugar de eso, se prendía fuego a los tocones, que ardían durante días y días, consumiendo la vida de aquellos antiguos árboles mientras lanzaban pequeñas brasas al aire.

Los incendios eran inevitables. Por eso, cuando empezaron a surgir pequeños incendios a lo largo de septiembre de 1871, era una parte más de la vida en la frontera. Los incendios forestales no eran nada nuevo y, con métodos rudimentarios, la gente normalmente se las arreglaba para mantenerlos alejados de sus hogares. Dejar que se quemen los bosques ahorraba trabajo a la hora de limpiar la tierra. Empezaron a producirse incendios forestales desde Canadá hasta Iowa, pero al final se extinguían solos, al menos según los telegramas que seguían llegando al pueblo.

Las cosas empezaron a cambiar a finales de septiembre. La llana quietud de la sequía empezó a dar paso a inquietos vientos que se movían y tiraban, llevando los incendios por delante allá donde iban. El aire se contaminaba con frecuencia con el humo de los incendios lejanos, y, aun así, los vientos crecían y crecían. Los ancianos del pueblo se preocuparon y empezaron a hacer acopio de agua donde podían, por si acaso. Esperaban que fuera suficiente. No lo fue.

El primer gran golpe llegó a finales de septiembre. Los incendios que habían estallado por todo el bosque se extendieron hacia Green Bay, y las líneas telegráficas —una conexión desde Peshtigo, Green Bay y Oconto al resto del universo— quedaron destruidas. En un instante de fuego, Peshtigo quedó totalmente aislada de las ciudades que la rodeaban. Ahora los mensajes tendrían que viajar a pie o a caballo, e incluso estos rara vez podrían atravesar el muro de llamas que lenta, pero inexorablemente, estaba aislando a Peshtigo del resto del mundo. Los incendios fueron tan devastadores que grandes bandadas de aves llegaron a Peshtigo, huyendo de las zonas donde sus nidos habían sido consumidos por las llamas.

* * * *

Sugar Bush no era tanto un pueblo como un simple grupo de asentamientos dispersos, donde vivían un par de cientos de familias. Apenas era una mancha en el mapa en comparación con los 2.000 habitantes de Peshtigo. El pequeño nudo de colonos era similar a la gente de Peshtigo, ya que la mayoría eran inmigrantes y agricultores, muchos de ellos de ascendencia alemana y francesa, que criaban animales, cultivos y niños en sus tierras. Tenían vidas, familias, pequeños dramas y granjas que amaban. Hasta el 7 de octubre.

Los incendios que habían estado crepitando y extendiéndose por los bosques fueron azotados por el viento, tan incontrolables y frenéticos como los caballos azotados, y las salpicaduras aisladas de fuego recorrieron locamente los bosques hasta que finalmente se encontraron y crecieron en un único gigante de llamas altísimas. Y se abalanzó sobre Sugar Bush, sin sentido, sin piedad, y sin prestar atención a las pequeñas motas de humanidad que corrían alrededor de los árboles que consumía tan rápidamente, luchando por sus granjas y luego huyendo por sus vidas.

Todo fue en vano. Todas las familias que vivían, trabajaban y amaban allí murieron esa noche. Ni una sola de las granjas de Sugar Bush logró escapar de la ira de las llamas. Todas fueron consumidas por completo, aniquiladas por el fuego, reducidas a montones de ceniza. La gente que vivía allí intentó huir, pero ni el mejor caballo de Sugar Bush pudo superar este desastre, y todos quedaron reducidos a nada más que huesos, carne carbonizada y cenizas.

Donde antes había habido graneros pintados de colores brillantes ahora solo había montones de ceniza blanca. Los árboles se redujeron a esqueletos negros y arrugados que se extendían por la tierra. Los campos de cultivo ondulados fueron borrados, dejando solo tierra quemada. Los tarros llenos de arándanos que se habían recogido con tanto cuidado no eran más que trozos de vidrio derretido, y ya no quedaban manos que pudieran convertirlos en pasteles.

Sugar Bush había desaparecido por completo, cada uno de sus ciudadanos había muerto por la furiosa velocidad de las llamas. Y mientras el viento seguía avanzando, una enorme célula de baja presión, que se habría convertido en un huracán si hubiera habido nubes de lluvia para alimentarla, avanzaba hacia su siguiente objetivo: Peshtigo.

* * * *

El 8 de octubre de 1871 comenzó como cualquier otro domingo de otoño en Peshtigo para la mayoría de sus residentes. Las noticias sobre Sugar Bush no les habían llegado, ¿cómo podrían hacerlo? No quedaba nadie vivo en el asentamiento para contarles lo que había sucedido. Los incendios parecían estar amainando un poco, y la gente empezaba a tener la esperanza de que Peshtigo se hubiera salvado. Gran parte del bosque había ardido a su alrededor. Todos sabían que ningún fuego podía quemar el mismo lugar dos veces. Tal vez Peshtigo se salvara.

El pueblo seguía envuelto en un manto gris de humo, pero los vientos parecían haberse calmado un poco y, por lo tanto, la gente siguió un domingo más como todos los domingos.

La iglesia se celebraba normalmente por la tarde, lo que daba tiempo a las familias de las zonas más alejadas a llegar a la iglesia, y este domingo no era diferente. Podríamos imaginarnos que Lars y su esposa estaban ocupados preparándose, emocionados de que la pequeña Anna, de nueve días, asistiera a la iglesia por primera vez en el país al que sus padres habían luchado tanto para llegar. Los Villers, tal vez, estaban visitando a familiares o parientes en Peshtigo con la pequeña Florence y su hijo adoptivo Joseph. Tal vez la madre de Amelia Desrochers estaba preocupada por sus cinco hijos y cuidando a su febril marido en la pequeña choza, contemplando la idea de faltar a la iglesia esa noche: ¿cómo iba a manejar a todos esos niños y a un hombre enfermo? Sus pequeñas preocupaciones les agobiaban; ¡cómo habrían descartado esas preocupaciones si hubieran sabido lo que se avecinaba!

Para la mayoría de los habitantes de Peshtigo, el 8 de octubre era un día de descanso. Los granjeros solo hacían las tareas necesarias, alimentar, regar, ordeñar, limpiar el suelo, y luego ponían los pies en alto durante unas horas antes de ir a la iglesia. Incluso los leñadores que trabajaban en los campamentos altos, entre los árboles, bajaban al pueblo para pasar un día de copas, mujeres y, tal vez, una o dos peleas con los ojibwe. Era un día para relajarse, excepto para Abram Place.

Para Abram, era todo menos un domingo ordinario, todo gracias a los parientes de su esposa ojibwe. La tribu había llegado a su pacífica granja en las afueras de Peshtigo con los ojos bien abiertos y con terribles noticias. Le dijeron que los incendios no habían terminado, que en todas las generaciones que habían vivido en esta zona y que habían contado historias a sus nietos —y oído historias de sus abuelos— nunca habían oído ni visto nada parecido a lo que habían presenciado en el asentamiento destruido de Sugar Bush. Este incendio no era un fuego ordinario. Era una tormenta de llamas, una cosa ascendente y giratoria impulsada por el viento, que destruía todo a su paso, incluso el terreno que ya había sido quemado.

No se lo dijeron al resto de la gente de Peshtigo, o si lo hicieron, nadie les creyó. Al fin y al cabo, a los ojos de la mayoría de la gente solo eran salvajes. Además, los ojibwe no estaban especialmente dispuestos a echar una mano a los estadounidenses. Aquella gente les había obligado a abandonar la tierra fértil en la que habían vivido durante décadas; estaban talando sus bosques ancestrales y pisoteando sus montículos de efigies sagradas, arrancándolos y plantando cultivos donde antes yacían los huesos de sus antepasados. Algunos ojibwe llegaron a culpar a los blancos de los incendios. Esto nunca había ocurrido, no hasta que llegaron con sus hachas y arados, y empezaron a destrozar la tierra.

Pero se lo dijeron a Abram Place porque estaba casado con una de ellas y la trataba bien, y Abram los tomó en serio. Al igual que los ojibwe, o bien no se preocupó de contárselo al resto de Peshtigo, o bien lo hizo y nadie le creyó cuando dijo que el fuego se acercaba y que lo hacía a una escala que nadie había visto antes. En cualquier caso, cuando Abram enganchó lo que utilizaba para arar sus campos —mulas o caballos o bueyes, tal vez— sus vecinos pensaron que era un tonto. Era pleno otoño, y apenas era tiempo de arar. El loco Abram Place volvía a actuar de forma extraña. El hombre se había casado con una india. ¿Qué sabía él?

Sin embargo, Abram no dejó que lo detuvieran. Frenéticamente, comenzó a romper la zona que rodeaba su casa, removiendo la tierra hasta que no quedó nada que pudiera consumir el fuego. Los ojibwe acudieron a ayudarle, tal vez a mano o quizás con sus propios equipos, pero en cualquier caso fue una tarea interminable y agotadora. Lo que hoy logramos con unos pocos viajes de un tractor, en 1871 se hacía con una sola línea de arado, cavando una sola línea de tierra a la vez. Abram debió de trabajar sin parar durante todo el día para arar alrededor de su casa, y aun así, no terminó el trabajo. Los ojibwe le dijeron que cogiera mantas y las empapara en agua, que las usara para cubrir su casa y mojarla. Abram no les cuestionó. Se puso a hacer lo que le decían.

El padre Pernin pasó un domingo tranquilo en casa con sus mascotas una vez que terminó la misa en Marinette. La iglesia de Peshtigo estaba a punto de ser estucada, y no estaba en condiciones de celebrar una misa ese domingo, así que en su lugar se fue a casa y pasó una agradable tarde en su porche, tratando de no enfadarse demasiado con los borrachos que holgazaneaban en la taberna, buscándose peleas entre ellos y profiriendo, según sus palabras, "horribles blasfemias". El padre Pernin escuchó en cambio el canto de su arrendajo azul y trató de no preocuparse mientras el humo cubría por completo el pueblo.

Esa tarde, algunos habitantes de Peshtigo se dirigieron a una de sus iglesias, la Congregacional. Acababa de recibir su capa anual de pintura blanca, y en ella se reflejaba el brillo rojo de los incendios lejanos. Los Korstad, los Villers y quizá los Desrochers se dirigían al pueblo por caminos pavimentados con aserrín. En esta época del año, normalmente habría evitado que los caminos se embarrasen sin remedio; ahora, crujía bajo sus pies, seco como la yesca en la sequía. Al salir del camino de aserrín (quizás las cortas piernas de Amelia se esforzaban un poco en esta parte), subían a las aceras de madera y pasaban por delante de edificios que habían sido construidos con marcos de madera, troncos o tablones para las paredes y tejas de madera para el techo. Peshtigo era un polvorín a la espera de una chispa.

Es muy poco probable que Abram Place fuera a la iglesia ese domingo. Tal vez nunca fuera a la iglesia; probablemente no era bienvenido allí, gracias a su esposa ojibwe. En cualquier caso, estaba demasiado ocupado cubriendo su casa con mantas húmedas como para ir al pueblo.

El sermón fue pronunciado como de costumbre. En las últimas semanas, el párroco se había aficionado a los temas del fuego infernal, quizá con la esperanza de que la amenaza del fuego terrenal hiciera que sus feligreses se replantearan su estilo de vida, especialmente los leñadores. Cuando terminó, todos salieron de la iglesia a sus aceras de madera y calles de aserrín, y el humo era tan espeso que apenas podían ver al otro lado de la calle. Era caliente y asfixiante, les quemaba la garganta y los pulmones, y tal vez hacía llorar a la pequeña Anna. Y a través del humo, algo caía en pequeños copos blancos, amontonándose en el suelo, en los sombreros de los hombres y en los gorros de las mujeres.

No era nieve. Era ceniza.

Capítulo 4 - La naturaleza alzó la voz

La ceniza caía lentamente, sin que el viento la apurara; de hecho, una quietud se había apoderado de todo el pueblo, sin que un soplo de aire removiera las nubes de humo que se cernían sobre todo. Las familias se apresuraron a volver a sus casas, diciéndose que era bueno que el viento hubiera amainado. Todo Peshtigo había esquivado una bala, decían. Si supieran que esa bala seguía en camino y se dirigía directamente hacia ellos.

Con la ceniza asentada en los hombros y en el pelo de las niñas, las familias volvieron a casa. Llegó la noche, pero no cayó la oscuridad. Toda la ciudad estaba iluminada por una neblina roja de los incendios lejanos; las estrellas estaban ocultas por el humo, y el hedor del fuego estaba en todas partes. Incluso las farolas brillaban con un amarillo verdoso en el humo.

Y entonces se levantó el viento.

El humo se enroscó y se arremolinó ante él mientras atravesaba la ciudad, resoplando su aliento caliente por las nucas y los rostros, haciendo crujir las cortinas, enviando un aullido ominoso a través de los aleros de las tiendas y entre las ramas azotadas de los árboles mientras las hojas, las agujas de pino y la arena se dispersaban ante él.

La ceniza que lo cubría todo se convirtió en el más fino polvo blanco y se esparció por todas partes. El malestar que se había instalado en los corazones de los habitantes del pueblo, espeso como el humo, se convirtió en algo que rozaba el pánico. Para colmo, el humo no era constante. Soplaba en infelices bocanadas, rugiendo un momento y descansando al siguiente. Uno empezaba a creer que el viento se había calmado por completo cuando volvía a arremeter contra uno desde un ángulo inesperado, tirando de sombreros y ropas, tosiendo humo.

Algunos hombres decidieron que era el momento de actuar. Los voluntarios se apresuraron a ir a las esquinas, llevando barriles y bañeras de lata con agua, colocándolos estratégicamente. Otros salieron con palas y cubos: era todo lo que tenían para hacer frente a las llamas que se avecinaban.

También el padre Pernin se sintió incómodo con el viento que arremetía contra las ventanas de su pequeña casa. Su criada, que debía vivir con él, estaba inquieta mientras preparaba la cena. El arrendajo azul ya no cantaba. El padre Pernin empezó a preocuparse por su vecina, no por el desgarbado grupo de hombres que seguían divirtiéndose en la taberna, sino por una anciana viuda del otro lado, la señora Dress. Sus hijos tenían la costumbre de desentenderse de sus preocupaciones y de ignorarla, y el sacerdote decidió que necesitaba un amigo en un momento como este. Se acercó a su casa y le preguntó si estaba bien. La señora Dress no estaba bien. Estaba preocupada y, como sospechaba el padre Pernin, sus hijos se reían de ella cuando les rogaba que hicieran algo.

El sacerdote invitó a la Sra. Dress a dar un paseo con él; tal vez podrían ver más desde un campo abierto en su tierra. Se dirigieron juntos, el acérrimo sacerdote quizás ofreciendo su fuerte brazo a la anciana viuda, y se dirigieron hacia donde podían ver parte del bosque. Al principio, el peligro parecía ser solo moderado, lo cual era normal para la temporada de incendios. El humo lo oscurecía todo;

había un resplandor rojo en el cielo, pero parecía lo suficientemente lejano.

Pero el viento volvió a levantarse. Esta vez sopló con una vehemencia caliente que dejó sin aliento al padre Pernin. La señora Dress se aferró a su brazo mientras el viento rugía por el claro, haciendo crujir las ramas secas de una serie de viejos troncos de árboles muertos. Mientras el horrorizado sacerdote observaba, los troncos —sin señal de chispa— estallaron repentinamente en llamas. Debían de estar ardiendo en lo más profundo, y el viento era justo el abanico que necesitaban. Lo siguiente que supo el padre Pernin fue que las llamas rugían a su alrededor y las chispas volaban sobre la hierba seca de los campos. La señora Dress gritaba de miedo. El padre Pernin corrió en busca de agua y arrojó cubos sobre las rugientes llamas; de algún modo, consiguió apagar los árboles.

Tosiendo, con los ojos llenos de humo, el padre Pernin se dirigió a la señora Dress y le dijo que el fuego iba a por ellos. Tenían que tomar todas las precauciones posibles.

Mientras el padre Pernin se apresuraba a entrar en el pueblo, podía oír las campanas de la iglesia sonando a su alrededor. Había un sonido lejano, solo audible de vez en cuando al calmarse las ráfagas de viento. Era una especie de rugido; sonaba como si al propio bosque le hubieran crecido unas fauces rojas y estuviera bramando su rabia contra los hombres que lo invadían. Más tarde, escribiría: "Un silencio sepulcral reinaba entre los vivos; solo la naturaleza alzaba su voz y hablaba".

El padre Pernin entró corriendo en su casa. Tenía muy presente una cosa: el tabernáculo de la iglesia de Peshtigo. Como la iglesia aún no estaba terminada, el tabernáculo estaba en su casa para su custodia, y contenía la más sagrada de todas las cosas santas a los ojos de un sacerdote católico: el Santísimo Sacramento, la Eucaristía. No podía permitir que le pasara nada. Tenía que protegerlo lo mejor posible.

El jardín del sacerdote era de tierra blanda y arenosa, y sus brazos eran fuertes. Decidió que lo mejor sería cavar una zanja a través de él para formar una especie de cortafuegos si podía; el río también estaba cerca, pero tendría que ser el plan B. Saliendo a toda prisa, el padre Pernin se distrajo con el ruido hueco de los cascos sobre la madera. Su caballo, atrapado en el establo, se apresuraba a ir de un lado a otro, dando patadas a las paredes, respirando en cortos resoplidos de terror. El padre Pernin dudó un momento. Si la trinchera no funcionaba, podía enganchar su carro al caballo o incluso subirse a su lomo y cabalgar hacia un lugar seguro mucho más rápido de lo que sus propias piernas podían llevarle. Ese caballo podría salvarle la vida. Pero si ocurría lo peor, si el fuego era demasiado rápido para el padre Pernin, entonces el animal sería consumido por las llamas y perecería en su establo. El padre Pernin no podía dejar que eso sucediera. Corrió al establo, retiró los cerrojos y abrió la puerta de par en par. El caballo se lanzó a la calle y se alejó al galope de las llamas, con la cola en alto y los cascos martillendo la carretera mientras desaparecía en el bosque. El padre Pernin solo podía rezar para que el animal no se hubiera llevado su última esperanza de supervivencia.

La criada del padre Pernin corría enloquecida mientras él se dirigía al jardín, llevando cestos de cubiertos de la casa, sin saber a dónde los llevaría. Él la llamó y le dijo que huyera. Volvió a entrar corriendo en la casa, reapareciendo con su posesión más preciada, una jaula que contenía su canario mascota. El pajarito piaba y revoloteaba aterrorizado. Cuando salió al exterior, un rugido de viento atravesó el pueblo, agarrando la jaula y lanzándola por los aires. La criada gritó al padre Pernin que huyera y luego huyó ella misma, dejándolo solo en su jardín, cavando frenéticamente en un intento de salvar el tabernáculo.

El padre Pernin no era el único que corría para proteger todo lo que amaba. Adam Place sintió que el viento le helaba la piel allí donde sus ropas se habían empapado con el agua que utilizaba para tratar de mantener su casa demasiado húmeda para que las llamas la tomaran. Los miembros de la tribu ojibwe se arremolinaron sobre la casa, revolviéndose en los campos profundamente arados, corriendo del pozo a la casa y de vuelta con mantas en las manos. Un rastro de tierra húmeda conducía desde el pozo hasta la casa. El hollín y la ceniza, mezclados con el agua, embadurnaban la piel de todos hasta que era imposible ver la diferencia entre los blancos y los nativos. Y no había ninguna diferencia, no ahora, no ante el gran rugido de chasquido que se había hecho distantemente audible más allá de las copas de los árboles.

Adam se detuvo en el tejado de su casa, con otra manta húmeda tirada a sus pies donde la había depositado, muy consciente de su joven y encantadora esposa que corría como el resto. Miró por encima de su hombro, de vuelta al bosque, y las columnas de humo se movían más rápido. El sonido era distinto a todo lo que había experimentado antes. El viento aullaba, sí, pero esto era diferente. No era el sonido del viento. Era un bramido profundo y fuerte, el rugido torturado de un paisaje angustiado que se enfrentaba a su perdición. Algo brillaba en la distancia, oculto por el humo. Era de color escarlata brillante, palpitante. Parecía estar girando. Y se dirigía hacia ellos.

Abram volvió a su trabajo con renovado terror. Los ojibwe habían tenido razón: este no era un fuego ordinario. Nunca había visto algo así.

* * * *

De vuelta en Peshtigo, el padre Pernin también oyó el estruendo. Había sido un matiz de la lucha de la tarde; ahora, se elevaba por encima de todos los demás sonidos, y el pánico se había apoderado del pueblo con sus fríos dedos. El sudor corría por la cara del sacerdote, con los músculos doloridos y los pulmones ardiendo por el humo, mientras se esforzaba por terminar la zanja. Cuando volvió a acercarse a la casa, la visión que le recibió fue casi surrealista, como si su trabajo le hubiera conducido directamente a una pesadilla.

La tranquila calle estaba abarrotada. El aserrín y el hollín volaban en todas las direcciones mientras las hordas de personas y animales huían, pero no había gritos. La gente parecía haber sido despojada de su capacidad de protestar contra su destino; en su lugar, se reducía a una asustada manada de animales de presa, silenciosa en su búsqueda de seguridad. Las familias se aferraban unas a otras, los niños aferrados a las faldas de sus madres, los padres abrazando a sus bebés. Los hombres se esforzaban por manejar caballos asustados que habrían volcado sus carros en su huida. Y los gatos caseros. El padre Pernin estaba familiarizado con la visión de estos gatos que se movían por el pueblo, sorbiendo los platillos de leche en las cocinas, entrando y saliendo de los graneros. Pero ahora se movían por la calle como un ejército, como una manada de lobos, una multitud de gatos que se apresuraban a salir del alcance de las llamas que se acercaban.

Algunos de los hombres más valientes corrían en dirección opuesta para unirse al puñado de valientes voluntarios que se habían apresurado a las afueras del pueblo para hacer frente al fuego, pero el padre Pernin podía ver que era totalmente inútil. La trinchera que había estado cavando durante horas también parecía ahora una tontería y algo inútil. Sabía que tenía que huir. Corrió hacia la casa, con el corazón palpitante, desesperado por salvar lo más preciado para él, el sagrado tabernáculo que contenía el Santísimo Sacramento.

A kilómetros de distancia, en una pequeña cabaña de su granja, la familia Desrochers hacía tiempo que se había acostado. Carlos, el padre, había estado durmiendo la mayor parte del día gracias a su enfermedad, la señora Desrochers estaba agotada por las interminables exigencias de su creciente familia, y la pequeña Amelia estaba acurrucada en su sencilla cama. Estaba profundamente dormida cuando algo —tal vez el sonido devastador, tal vez el humo asfixiante que había llenado la choza y quemado sus pulmones— despertó a su madre. La señora Desrochers se precipitó hacia la ventana y contempló un mundo que se había visto repentina y horriblemente envuelto en llamas. El bosque que les rodeaba ardía, y el crepitar ensordecedor de las llamas anunciaba la llegada de hojas de fuego que reducían a la nada ramas enteras en los pocos instantes en que la señora Desrochers miraba. Medio dormida, apenas podía comprender lo que estaba viendo.

—¡Charles! —gritó—. ¡Despierta! ¡Se acerca el fin del mundo! Todo está en llamas.

Charles tenía sueño y no se sentía bien. Se dio la vuelta, ignorando los gritos de la mujer.

—Vete a la cama. Vete a la cama —gimió—. Estás soñando.

Amelia estaba ahora despierta, sentada, asustada por el terror en la voz de su madre. Vio cómo su madre corría hacia la cama de su padre, sacudiéndolo, suplicándole que se acercara a la ventana y lo viera por sí mismo. Molesto, Charles se puso en pie y se acercó a la ventana, donde se sorprendió al ver toda la granja en llamas.

—¡Oh, madre! —Le dijo jadeando a su esposa—. Tienes razón. Todo está en llamas. Yo también debo estar soñando.

La Sra. Desrochers ya se había despertado del todo y era consciente de que no había tiempo para especulaciones. Las llamas devoradoras se tragarían su choza de un bocado. Se precipitó hacia sus hijos y comenzó a sacarlos de la cama, llamando a los mayores para que se vistieran. Amelia se puso en pie de un tirón. Lo siguiente que supo fue que le pusieron sus duros y pequeños zapatos baratos en los pies, con los cordones atados y sin medias. No había tiempo para medias y, además, el fuego había convertido la fría noche de otoño en un infierno.

El padre de Amelia gritaba ahora por encima del estruendo, diciéndoles que tenían que bajar al río tan rápido como sus piernas les permitieran; él intentaría salvar la casa si podía. Su madre no le cuestionó. Cogió a sus hijos y huyó.

En la choza del molinero, el humo y el ruido del fuego habían despertado a la pequeña Anna. Sus pequeños pulmones generaron agudos gritos de terror. Cuando Lars Korstad se sentó en su cama de aserrín, supo enseguida que la choza se había convertido en una trampa mortal.

Lars hizo que su mujer se pusiera en pie, pidiéndole a gritos que se llevara al bebé mientras él cogía un cubo. Tenían que ir al río, le dijo a su mujer. Sería su única esperanza de sobrevivir. Los ojos de su mujer se abrieron de par en par, aterrorizada, mientras abrazaba a su bebé. No podía soportar la idea de que la vida de la pequeña Anna se viera truncada tan cruelmente por algo tan violento.

En la casa donde se alojaban los Villers, otro bebé lloraba: su preciada Florence. Joseph se encontró con que le sacudían para que se despertara. Las voces asustadas de sus padres adoptivos le decían que tenían que huir a un lugar seguro. Octavia estaba envolviendo a Florence en las mantas que tenía más a mano, metiendo a la pequeña en una cesta de mimbre y arropándola de la forma más segura posible. Llamando al adolescente, Martin y Octavia salieron corriendo de la casa.

Joseph les pisaba los talones. En cuanto salió, el viento rugiente le arrebató, arrojando ceniza caliente y calor contra él: los vendavales bombeaban a más de cien millas por hora esa noche. El bosque fresco e iluminado por las estrellas que tanto amaba se había transformado en un torbellino de confusión, calor y terror. El sonido era ensordecedor, y cuando Joseph levantó la vista, vio que el bosque ya estaba envuelto en llamas. Las hojas de fuego de doscientos pies de altura se alzaban sobre la pequeña familia, las llamas devorando el bosque mientras saltaban de árbol en árbol, acercándose cada vez más a la casa. Las llamas estaban ya a pocos metros de la casa. Florence lloraba a pleno pulmón.

Octavia colocó la cesta en el borde del jardín. Gritando a Joseph que se quedara donde estaba, ella y Martin se dieron la vuelta y corrieron de nuevo a la casa para coger algo —Joseph no sabía qué. Antes de que pudiera llamarles para que volvieran, ambos habían desaparecido dentro de la casa. Fue solo un momento, pero un momento fue suficiente.

El viento aullante se apoderó de un trozo de corteza humeante y lo lanzó por el prado de hierba que había frente a la casa. Joseph se adelantó, pero aquella pequeña mota de fuego ya había tocado el suelo. En un instante, una línea de fuego se interpuso entre ellos, separándolo por completo de la casa y de sus padres adoptivos.

Había fuego a su alrededor, y el humo se agitaba por encima de él. Por mucho que gritara sus nombres, Martin y Octavia no respondían. Solo se oían los gritos de la bebé, y Joseph corrió hacia ella, cogiéndola en brazos, aferrándose a su pequeño cuerpo mientras las llamas le rodeaban.

Estaban solos.

Capítulo 5 - Un holocausto de fuego

Ilustración III: Representación artística de las víctimas del incendio buscando refugio en el río

Trabajando febrilmente en la protección de su hogar, Abram Place aún no estaba preparado para aceptar que el fin del mundo había llegado. Mientras su casa se llenaba de ojibwes, con sus manos amigas echando agua sobre todo lo que era valioso, él seguía trabajando codo con codo con ellos para salvar su casa y sus tierras. El ser uno de los terratenientes más ricos del pueblo —aunque la paria más juzgada— no iba a ayudarle ahora. Solo sus amigos, los ojibwe, y su obstinada determinación le harían seguir adelante.

Y se aferró a la esperanza de que su hogar se salvaría, pero en lo más profundo de la noche, Abram fue testigo de algo que le hizo temblar en sus propias botas.

El rugido se acercaba cada vez más. Había alcanzado un volumen casi impensable, y fue entonces cuando la tormenta de fuego se hizo presente. Envuelta en volutas de humo negro como el carbón, una gran torre de fuego que se retorcía cayó sobre la casa de Place, moviéndose a una velocidad que Abram apenas podía comprender. Sus proporciones eran las de la columna de fuego bíblica, pero en lugar de guiar, este fuego no hacía más que destruir. Lanzaba grandes lenguas de fuego por todo el bosque, haciéndolas perseguirse alocadamente entre los árboles como perros de caza, mientras la propia tormenta de fuego pasaba, un demonio arremolinado de destrucción total. Algunos lo describirían más tarde como un "tornado de fuego"; ciertamente se parecía a un tornado, excepto que este tornado ardía.

De alguna manera, la tormenta de fuego pasó junto a la casa de Abram, probablemente ayudada por las amplias medidas que había tomado para protegerla. Pero Peshtigo no tuvo tanta suerte. Sus residentes pronto se encontrarían atrapados en el vientre de la tormenta de fuego.

* * * *

El arrendajo azul del padre Pernin ya no estaba en silencio. El pajarito piaba con pánico, batiendo las alas en los barrotes de su jaula, mientras su dueño corría por la casa. Todo estaba tan obscurecido por el humo que el padre Pernin apenas podía encontrar el camino hasta donde se encontraba el tabernáculo en su habitación. Sacando una llave de su abrigo, el padre Pernin trató de abrir la caja de madera, pero en su apuro, se le cayó de las manos. Las llamas rugían ya muy cerca; su casa estaba prácticamente en llamas. No había tiempo para buscarla. Agarró la caja en sus brazos y corrió escaleras abajo hasta donde le esperaba su calesa, luchando contra el viento aullante que amenazaba con arrancarle los pies mientras le lanzaba hollín y humo a la cara. El caballo hacía tiempo que se había ido, pero no podía cargar con el pesado tabernáculo todo el camino por sí mismo. Aun así, no quiso abandonar el Santísimo Sacramento. Lo arrojó sobre la calesa y saltó él mismo entre los ejes.

El cansancio del padre Pernin después de cavar la zanja había sido sustituido por una fuerza que no sabía que tenía, alimentada por la adrenalina. Se enderezó, levantó la calesa y comenzó a moverse, arrastrándola detrás de él como si fuera un caballo. La calesa era ligera y él era fuerte, y avanzaron a buen ritmo. Mientras se dirigía a la valla que rodeaba su casa, una gran ráfaga de viento sopló desde el centro del incendio, y fue tan potente que arrancó toda la valla y la puerta del suelo y las arrojó al otro lado de la calle.

Muchos hombres habrían abandonado la calesa allí mismo y habrían corrido para ponerse a salvo. Pero al padre Pernin le invadió una extraña calma. Más tarde describiría su estado de ánimo como "infantil" en su falta de pánico. Mientras observaba cómo su valla era arrancada y esparcida ante las llamas como un montón de ramitas, lo único que podía pensar era que al menos ahora no tendría que detenerse a abrir la puerta. Todo lo que tenía que hacer era correr. Y corrió, el cochecito traqueteando y rebotando a su lado, sus pies crujiendo en el aserrín mientras se dirigía al río.

No era el único que se apresuraba a buscar consuelo en las frías aguas del Peshtigo. De hecho, las calles seguían abarrotadas de gente que huía, pero su desesperación era ahora diez veces mayor que la de la multitud que había ido antes, cuando el padre Pernin aún estaba ocupado cavando su trinchera. Las familias luchaban, los padres agarraban a sus hijos, las parejas se aferraban entre sí, y los animales sueltos corrían en estampida entre ellos, los caballos asustados pisoteaban a los niños que no prestaban atención, el ganado golpeaba a la gente en su camino mientras corrían hacia la seguridad.

Las condiciones eran absolutamente espantosas. El humo era tan espeso que era casi imposible respirar y a menudo imposible ver; el padre Pernin se abría paso a medias a través de la nube gris, espesa como el miedo que flotaba en el aire a su alrededor. Apenas podía oír el ronquido dificultoso de su propia respiración o el golpe de sus pies en el suelo. Fuerte como era y en forma, pudo seguir adelante, con calesa y todo. Otros se esforzaban más; corrían unos pasos, luego se tumbaban para respirar el aire más fresco cerca del camino antes de volver a correr tan rápido como esas respiraciones les permitieran.

Por fin, el padre Pernin oyó el ruido del agua y se dio cuenta de que había llegado al río. Se apresuró a llegar a la orilla y miró con esperanza lo que debería haber sido una suave pendiente hacia las aguas que se movían lentamente. En lugar de eso, se encontró con una visión espantosa. El aserradero de la otra orilla del río estaba en llamas. Unas lenguas de fuego lameteaban a su alrededor y saltaban a los edificios a izquierda y derecha. El fuego no parecía estar ligado a ninguna fuente de combustible; surgía ante el viento como si encontrara algo que quemar en el propio aire. Estas lenguas de fuego rugían y crujían tan alto, empujadas con tanta fuerza por el viento, que cruzaban el propio río. Reflejadas brillantemente en el agua, casi habían llegado a la orilla donde estaba el padre Pernin. Los troncos se habían desprendido de sus almacenes río arriba; ahora flotaban en el agua, ardiendo, y sus llamas iluminaban a los animales asustados que nadaban por la corriente a su lado. Los animales y los troncos empujaban de un lado a otro a la gente que había estado tan desesperada como para arrojarse al río, si es que las llamas que saltaban sobre el río no los atrapaban primero. Peor aún, cuando el padre Pernin levantó la vista hacia el puente de madera que conducía a Peshtigo, vio que estaba ardiendo. Pasarían solo unos momentos antes de que se derrumbara en el río.

Incluso en ese momento, de alguna manera, el sacerdote no perdió la calma. Ir río abajo era imposible gracias al puente y a las llamas. Tendría que dirigirse más arriba en el río. Girando, siguió la orilla, trabajando bajo el peso de la calesa, pero consiguiendo de alguna manera seguir adelante con el pesado tabernáculo a bordo detrás de él.

Al llegar a un lugar donde las orillas no eran demasiado empinadas, el padre Pernin se dirigió al agua. El agua helada le daba vueltas en los tobillos mientras tiraba y tiraba de la calesa, luchando para que las ruedas se movieran en el barro. Por fin, consiguió meter la calesa en el agua. Cuando miró hacia arriba, los árboles sobre el río estaban en llamas. La visión le dio un impulso de fuerza. Con todo su corazón, creyó que tenía que poner a salvo el tabernáculo sin importar lo que pasara. El viento arremolinaba el agua en torno a sus caderas y su pecho, tirándole del pelo, tratando de hacerle perder el equilibrio mientras seguía tirando de la calesa hasta que, por fin, no pudo tirar más. El tabernáculo, esperaba, estaría a salvo donde estaba.

Aferrándose a la robusta forma de su calesa mientras esta se balanceaba con las interminables ráfagas de viento, el padre Pernin se preparó para agacharse y quedarse donde estaba. Cada músculo de su cuerpo ardía; apenas podía respirar, luchando por aspirar bocanadas de aire que estaban contaminadas por el humo espeso y tóxico. El rugido del viento había provocado una nueva explosión de llamas en la orilla opuesta. El lugar en el que se encontraba hacía unos instantes ya estaba envuelto en ondulantes llamas, y por todas partes, alrededor y por encima de él, el mundo estaba en llamas. El calor le hacía ampollas en la cara.

Al levantar la vista, el padre Pernin vio que no estaba solo. Otros se habían precipitado a la orilla en ese lugar, y estaban a pocos metros del fresco santuario del agua, pero a la luz antinatural del fuego, que era más brillante que el día, vio que muchos de ellos estaban clavados en el lugar. Con la boca abierta, la lengua fuera y los ojos saltones, miraban fijamente el muro de fuego que se abalanzaba sobre ellos y no huían. Solo pudo pensar que ellos creían que el mundo se había acabado y que era inútil luchar contra su inevitable destino.

Pero el padre Pernin, aunque era un hombre de Dios, también era un hombre de lógica. Si el mundo se estaba acabando, razonó, Dios probablemente se lo habría dicho antes. Todavía había esperanza. Subió a la orilla del río una vez más y se abalanzó sobre el hombre más cercano que estaba de pie en la orilla y miraba el muro de la muerte que se acercaba. Cuando el padre Pernin intentó hablar, le resultó imposible; al sacerdote apenas le quedaba aliento para mantenerse en movimiento. En su lugar, se limitó a agarrar la ropa del hombre —que ya ardía al tacto— y a arrojarlo al río con un potente tirón. Desafiando las llamas, el padre Pernin siguió adelante, empujando al agua a hombres, mujeres y niños por igual. El agua fría pareció tener un efecto reanimador sobre ellos; balbuceaban, se aferraban unos a otros y se adentraban en el río para evitar las llamas mientras volvían a la vida. Todos menos un hombre. Cuando el padre Pernin empujó a este hombre al agua poco profunda, el hombre se esforzó por salir débilmente, con la mente embotada por la inhalación de humo.

—Estoy mojado —dijo.

El padre Pernin no tuvo tiempo ni aliento para discutir con él. Volvió a empujarle, y esta vez el hombre se quedó quieto.

Cuando ya no podía moverse por la orilla, el padre Pernin volvió a meterse en el río, y las asustadas víctimas del incendio empezaron a vadear hacia él y a agruparse a su alrededor. Tal vez reconocieron a su salvador o simplemente creyeron que podrían estar más seguros de alguna manera cerca de un sacerdote. Entrecerrando los ojos contra el humo, el padre Pernin ya no podía ver la calesa ni el tabernáculo.

Ahora que podía respirar un poco más, el padre Pernin se dio cuenta del calor que tenía en la cara. De hecho, con las lenguas de fuego que se enroscaban en el aire sobre él, se sentía como si el propio aire estuviera en llamas. Una chispa golpeó su hombro, una pequeña llama se enroscó en la tela de su abrigo. El padre Pernin se sumergió, sintiendo el bendito frescor del agua en la cara. Cuando salió a la superficie, chapoteando, se quitó el abrigo y se lo puso sobre la cabeza. A su alrededor, los demás no tuvieron esa presencia de ánimo, sino que lo miraron, desconcertados, mientras sus ropas empezaban a echar humo sobre ellos.

Un trozo de algo pasó flotando y el padre Pernin lo agarró. Era una colcha, carbonizada en los bordes, pero todavía útil; trató de no pensar en lo que podría haberle ocurrido a su dueño. La sacó del agua y la arrojó sobre la cabeza de la persona más cercana. Cada vez había más cosas flotando hacia él —sombreros y trozos de manta y abrigos— y las sacó del agua y empezó a cubrir las cabezas de la gente a su alrededor.

Una de ellas se agarró a él, con ojos desesperados. Le preguntó si era el fin del mundo.

Ciertamente lo parecía. Mirando hacia arriba, el padre Pernin ya no podía ver el cielo; el mundo entero parecía haberse convertido en una bola de fuego. Incluso el agua que los rodeaba, reflejando el fuego, brillaba.

—No lo creo —le dijo—, pero si otras tierras se queman como parece que lo ha hecho la nuestra, el fin del mundo, al menos para nosotros, debe estar cerca.

Después de eso no hablaron. Solo se acurrucaron en el agua helada y observaron el mundo arder.

* * * *

En todo Peshtigo, la gente estaba abandonando sus hogares, granjas y a veces incluso sus familias en su búsqueda desesperada de seguridad. Para muchos de ellos, este intento sería inútil. Huyendo a través del humo y las llamas, las familias se enfrentaron a un terreno difícil mientras avanzaban por los bosques en busca de refugio. La tormenta de fuego crecía en fuerza y velocidad; cubría kilómetros en minutos, a veces superando a las familias que huían. El calor alcanzaba varios miles de grados, y los árboles —y a veces los cuerpos humanos— explotaban al contacto con el fuego. Familias enteras fueron consumidas en un solo golpe de fuego. Muchas personas fueron abatidas y quemadas vivas a su paso, reducidas a cenizas antes de que pudieran saber lo que les había ocurrido. Los niños, a los que las lenguas de fuego arrebataron a sus padres, corrieron aterrorizados por el bosque, gritando sus nombres.

Entre los que huían del fuego estaba la pequeña familia Korstad. El fuerte Lars, con la mano agarrada a la de su mujer, la arrastró a medias tras él mientras ella llevaba a la bebé Anna. Seguía con el cubo en la mano, rezando por que llegaran a una fuente de agua para poder usarla. El aire era tan caliente que le provocaba ampollas en las mejillas y en la nuca mientras huía hacia el río. Les pisaba los talones, las pequeñas llamas lamían la maleza seca a sus pies, pero Lars no se rindió. Suplicando, suplicando a su mujer que siguiera adelante, ignorando los gritos de angustia de la bebé, siguió corriendo.

Por fin, vieron el resplandor de la luz reflejado en el agua, y salieron del bosque para encontrar el río serpenteando en su lecho ante ellos. Lars y su mujer se precipitaron en las tranquilas aguas. Las orillas ya estaban en llamas; tuvieron que adentrarse más, y Lars se desesperó. Su mujer aún estaba débil tras el parto y la bebé era muy pequeña.

No está claro dónde encontró Lars una balsa. Tal vez tuvo tiempo de llegar a ella, aunque parece poco probable. Es más probable que otra familia se viera obligada a abandonarla. Sea como fuere, Lars consiguió de algún modo hacerse con una balsa que había sido cubierta con un colchón de plumas. Teniendo en cuenta que los colchones de su propia casa estaban rellenos de serrín, era poco probable que fuera algo que hubiera traído de la choza. Independientemente de su procedencia, la balsa era un salvavidas. Lars se subió a ella, arrastrando a su mujer y a su bebé, y la hizo flotar hasta el centro del río.

Incluso allí, como había descubierto el padre Pernin, no estaban a salvo. Los árboles escupían chispas y cenizas ardientes sobre el agua; si aterrizaban en la balsa, todo ardería en llamas, llevándose a la familia Korstad con ella. Lars puso a la bebé en brazos de su mujer y le dijo que abrazara a Anna con fuerza. Luego sumergió el cubo en el río y sacó chorros de agua para salvar la vida. Vertiéndola sobre su mujer y su hija, Lars siguió trabajando, sacando cubo tras cubo en un intento desesperado por mantenerlas con vida. La ropa de su espalda ardía y la falda de su mujer se incendiaba entre cubo y cubo. Las llamas eran tan calientes que secaban sus ropas casi al instante, saliendo vapor de ellas. Pero no había nada más que Lars pudiera hacer. Así que siguió intentando mantener a su mujer y a su bebé con vida.

* * * *

Lejos de la seguridad comparativa del río, Joseph LaCrosse miraba con horror sin voz el muro de llamas que ahora le separaba de la casa en la que Martin y Octavia habían desaparecido. La pequeña Florence gritaba, con sus pequeños puños agarrando su camisa mientras él miraba las llamas, y había un fuerte ruido que se precipitaba sobre ellos que hizo que Joseph fuera consciente de que algo peor estaba por llegar. Sus gritos de auxilio habían sido infructuosos; estaba completamente aislado por las rugientes llamas. El muchacho solo tenía catorce años. ¿Qué podía hacer solo?

Pero estar solo no era nada nuevo para Joseph. Hacía tiempo que sus padres se habían perdido, y él estaba acostumbrado a tomar sus propias decisiones. Lo más importante que tenía que hacer era cuidar de la pequeña Florence. Aferrándose a ella con toda su fuerza, Joseph miró a un lado y a otro, buscando cualquier forma de refugio. Sus ojos se posaron en un pozo. En aquella época, el agua corriente estaba reservada a las ciudades; la mayoría de los campesinos tenían que tener sus propios pozos, de los que sacaban agua en un cubo. La granja en la que se encontraban los Villers no era diferente. El pozo estaba a pocos metros de Joseph y Florence.

Joseph tomó su decisión rápidamente. Con todas sus fuerzas, cogió a la bebé y corrió hacia el pozo. El muro de piedra que lo rodeaba ya debía de estar ardiendo al tacto; bajar por aquel pozo negro, una caída mortal hasta el agua que había debajo, mientras sostenía a una bebé aterrada, debió de ser una tarea casi imposible. Sin embargo, de alguna manera, Joseph lo consiguió. Se deslizó hacia el agua, abrazando a Florence y sintiendo que ya estaba más caliente de lo normal. Cuando levantó la vista, la tormenta de fuego estaba sobre ellos. La boca del pozo estaba completamente envuelta en llamas ardientes, iluminando el agua ondulante, las manos ampolladas del niño y el rostro lloroso y gritón de la pequeña Florence. No había otro lugar donde ir. Joseph se acurrucó alrededor del bebé, manteniéndolos a ambos en el agua, y solo podía esperar que estuviera a salvo donde estaba.

Muchas personas habían pensado de forma similar a Joseph y se habían metido en pozos o depósitos de agua, y muchas de ellas perecieron horriblemente. El calor del fuego era tal que incluso grandes cisternas de agua podían llegar a hervir, cocinando vivos a sus habitantes. Otras simplemente se secaron por completo, y el fuego consumió todo lo que se escondía dentro. Joseph podía sentir el peligro que se le venía encima, pero no podía hacer nada más que aferrarse a Florence y esperar.

* * * *

La mano de la señora Desrochers estaba resbaladiza por el sudor, pero de alguna manera, mantuvo su agarre en el brazo de la pequeña Amelia mientras corría por el bosque. Los pies de la niña se deslizaban incómodos en sus zapatos; pedía a gritos un descanso, pero el humo que las rodeaba ahogaba sus palabras, y su madre no estaba dispuesta a reducir la velocidad, no con una torre de fuego girando que rugía sobre ellas, un presagio de muerte segura. Al parecer, Charles había abandonado el inútil intento de salvar su hogar. Ahora, todos los Desrochers corrían hacia el río, atravesando el bosque y luchando contra los troncos caídos. Las ramas y la maleza los atrapaban, casi invisibles en el aire humeante.

Las pequeñas piernas de Amelia no pudieron aguantar más la carrera cuando, por fin, el río quedó ante ellos. Una gran barcaza, cuya forma imponente era una bendición en la oscuridad, se abría paso a través del agua. El capitán les gritó que subieran a la barca: se dirigía hacia Green Bay, donde seguramente sería seguro.

Parecía un buen plan. Los Desrochers se apresuraron a llegar a la orilla del río y subieron a la barcaza con sus padres y sus cinco hijos. Jadeando, aferrándose a Amelia, la Sra. Desrochers debió pensar que ya estaban fuera de peligro mientras la barcaza se dirigía río abajo tan rápido como era posible.

Estaba terriblemente equivocada. El fuego estaba ahora en la misma orilla, pisándoles los talones, y los árboles en llamas lanzaban al aire trozos de ceniza y pedazos de corteza ardientes. El fuego llovió sobre la barcaza y esta se incendió. Gritando de pánico, muchos ocupantes de la barcaza se lanzaron por la borda al río, pero este era profundo y de corriente rápida, y no estaban preparados para el frío. Amelia vio cómo muchos de ellos se hundían y no volvían a salir a la superficie. Los Desrochers se quedaron, aferrados a la esperanza, mientras los hombres luchaban frenéticamente por apagar las llamas de su barco en llamas.

Por fin, las llamas se apagaron y, de alguna manera, la barcaza se encontró dejando atrás el río en llamas para llegar a la bendita extensión de agua que era Green Bay. El aire fresco les rodeó, aliviando la cara quemada y ampollada de Amelia mientras la barcaza se dirigía al agua, que había sido azotada por el viento. El rocío le rozaba, maravillosamente frío y refrescante.

Estaban a tres millas de la bahía cuando Amelia se volvió para mirar el lugar que había sido su hogar. La tormenta de fuego había arrasado con todo Peshtigo, reduciendo toda la ciudad a cenizas en menos de una hora. Ahora, se alzaba sobre la bahía, horrible en todo el sentido de la palabra, con columnas de humo que se extendían por el aire mientras la columna de llamas se consumía contra el agua. El fuego reinaba a su alrededor, pero en la barcaza, al menos, estaban a salvo.

La pequeña Amelia no tenía casi ninguna idea de lo que estaba ocurriendo realmente. Estaba prácticamente ilesa, y su madre estaba con ella, acunándola en sus brazos mientras ambas contemplaban lo que había sido su querido bosque. Las cenizas caían del cielo y revoloteaban sobre las manos extendidas de Amelia, depositándose en sus pestañas y en su pelo enmarañado.

—Madre —dijo, asombrada—. ¡Mira! Está nevando fuego.

La señora Desrochers no dijo nada. Se limitó a abrazar a su hija y a ver cómo ardía el mundo.

Capítulo 6 - Entre las cenizas

El padre Pernin pasó casi seis horas sumergido en las aguas arrasadas del Peshtigo, pero debió de parecerle una eternidad. Sentía como si el propio aire fuera a hervir; el calor y el humo asaltaban todos sus sentidos mientras seguía intentando mantener a los que le rodeaban tan mojados como podía. Seguía salpicando agua sobre su cabeza y la de las personas que le rodeaban, muchas de las cuales estaban demasiado asustadas o débiles para hacerlo ellas mismas. El calor evaporaba el agua casi instantáneamente. Tuvieron que seguir salpicando y salpicando, mientras pasaban las horas y el fuego seguía bramando.

La tormenta de fuego propiamente dicha atravesó todo Peshtigo, arrasando la mayor parte, en menos de una hora. Pero sus brotes, los pequeños incendios que devoraban lentamente lo que quedaba de la ciudad fronteriza, seguían ardiendo con tal calor que el único lugar seguro era dentro de las aguas del río. A medida que pasaban las horas, las condiciones empezaban a hacer mella incluso en el joven y fuerte padre Pernin. Ya se había quedado sin aliento cuando se adentró en el río, y las cosas solo empeoraban con cada bocanada de aire humeante. Sus intentos de ayudar a los demás y a sí mismo eran cada vez más débiles.

Sin embargo, por fin el sacerdote se dio cuenta de que su cara ya no parecía estar en llamas. Disminuyó la velocidad, salpicando cada vez menos. El aire era definitivamente más fresco; de hecho, todo se sentía más fresco. Mirando hacia arriba, el padre Pernin vio que el cielo ya no estaba cubierto de fuego. Lo peor de las llamas había pasado. Absolutamente agotado, con las piernas entumecidas por el frío, el padre Pernin buscó a tientas un tronco cercano. Estaba carbonizado y ennegrecido, pero no ardía activamente, y cuando lo tocó, descubrió que podía subirse a él. Colocado sobre el tronco, con las piernas colgando en el agua, el padre Pernin esperaba poder descansar por fin.

Pero el sacerdote y los que ya habían sobrevivido al primer estruendo de las llamas estaban a punto de descubrir que lo más peligroso de aquella noche estaba aún por llegar. La horrible verdad de aquel trágico día fue que casi tantas personas perecieron de frío como quemadas. El frío viento otoñal, al que le faltaba el aliento caliente de las llamas, golpeó directamente la ropa empapada del padre Pernin, arrastrando sus frígidos dedos por su piel. Comenzó a temblar incontroladamente, apenas capaz de mantener el tronco, sintiendo la garganta y el pecho más cerrados con cada minuto que pasaba. Sus pensamientos se volvieron lentos y débiles debido a la falta de oxígeno y al frío glacial.

Un joven —todavía estaba demasiado oscuro y lleno de humo para saber quién era— vio la situación del sacerdote e hizo lo que pudo por él, colocando una manta sobre los hombros del padre Pernin. El calor fue suficiente para despertarlo. Cuando se incorporó un poco, todavía aferrado a la superficie rugosa del tronco, el padre Pernin se dio cuenta de que la orilla del río ya no estaba en llamas. No quedaba nada para que ardiera; el aserradero que había sido tan espléndido en la ribera se había reducido a nada más que escombros y cenizas, con solo los aros de hierro de los barriles todavía enteros. Luchando por vadear con sus piernas entumecidas, el sacerdote se dirigió a la orilla del río.

Todavía había algunas pequeñas hogueras encendidas aquí y allá, y el padre Pernin se acercó a una de ellas a trompicones, con la esperanza de calentarse. Pero las llamas solo pudieron secar las capas exteriores de sus ropas y no lograron calentar su ropa interior empapada y su cuerpo tembloroso. El sacerdote no podía pedir ayuda. Su garganta estaba hinchada por la inhalación de humo, y apenas podía respirar, y mucho menos hablar. De hecho, no podía hacer nada en absoluto. Le fallaron las fuerzas y se desplomó boca abajo en la orilla del río, semiinconsciente e incapaz de moverse.

Cientos de personas perecieron en Peshtigo en la madrugada del 9 de octubre, con la piel intacta, pero los pulmones carbonizados por el aire ardiente que se vieron obligados a respirar. Otros nunca lograron salir del río; la hipotermia se los llevó rápida y silenciosamente, un asesino mucho más sigiloso e insidioso que la propia tormenta de fuego. El padre Pernin sufría de ambas cosas donde yacía, y podría haber muerto fácilmente allí. Pero fue uno de los afortunados. Se había desplomado en la arena, junto a una pequeña hoguera, y el calor de la tormenta de fuego se había filtrado hasta la orilla del río. La arena estaba lo suficientemente caliente como para que, después de permanecer allí durante un tiempo indeterminado, el padre Pernin empezara a recuperarse. Descubrió que podía moverse y se quitó los zapatos y los calcetines empapados, presionando las plantas de sus pies desnudos contra la arena caliente. Eso lo reanimó un poco, y fue entonces cuando se dio cuenta del dolor que sentía.

Aunque no había sido tocado por las llamas, el rostro del sacerdote había sido quemado por el aire caliente; antes no se había dado cuenta, pues estaba distraído por la opresión en el pecho y el frío, pero ahora, sus ojos disparaban rápidas punzadas de agonía a través de su mismo cráneo. Cuando intentó abrirlos, descubrió que estaban hinchados y casi cerrados. Con una visión borrosa, el padre Pernin trató de mirar a su alrededor en busca de ayuda, pero parecía estar rodeado de nada más que muerte y destrucción. Los cuerpos yacían a su alrededor, carbonizados hasta quedar irreconocibles.

Algunos estaban colgados sobre los aros de hierro que había visto antes entre el aserradero. Cuando buscó uno de los aros, descubrió que ardía al tacto. Al principio, el sacerdote pensó que los cuerpos que yacían sobre los aros eran hombres que habían intentado calentarse contra el hierro. Más tarde se enteró de que ya estaban muertos cuando unos conciudadanos bienintencionados intentaron levantarlos fuera del alcance del río y descubrieron que los cuerpos estaban tan quemados que casi se deshacían al ser tocados por manos humanas. Los aros habían resultado ser la forma más fácil de trasladarlos.

Horrorizado, el padre Pernin contempló un mundo que apenas reconocía, a pesar de haber caminado mil veces por esta orilla. El mundo estaba envuelto en humo. Un color grisáceo en la distancia sugería que estaba amaneciendo, pero todo estaba oculto tras la bruma.

Un instinto de supervivencia le salvó de algún modo de la consternación. El padre Pernin se dio cuenta de que seguía congelado, mojado hasta la piel. Ya no había tiempo para la dignidad. Dejó a un lado el decoro propio de un sacerdote católico y comenzó a quitarse la ropa una a una, desnudándose hasta la piel y colocándose desnudo junto a una de las hogueras. El calor era delicioso mientras tendía la ropa para que se secara, pero no era un gran consuelo. Con cada parpadeo, el padre Pernin veía cada vez menos. Había sobrevivido tanto al fuego como al agua. Pero se estaba quedando lenta, horrible y dolorosamente ciego.

* * * *

Cuando el mundo pasó de ser remolinos de llamas a un páramo desolado de tocones negros y humo gris, Lars Korstad pudo por fin llevar a su pequeña familia afectada a la orilla. Bajó a trompicones de la balsa, con los pies crujiendo sobre los restos ennegrecidos de lo que había sido la maleza, y tendió los brazos a su mujer. Estaba desmayada, casi inconsciente por el esfuerzo, el agotamiento y la inhalación de humo, pero seguía viva. Sin embargo, tenía miedo. La bebé se había quedado muy tranquila.

Mirando a su mujer, Lars observó con tristeza que sus intentos de salvarla a ella y a la bebé vertiendo agua del río sobre ellas habían sido lamentablemente inadecuados. La ropa de la joven se había quemado desde la misma espalda. Tenía el pelo revuelto, ennegrecido por el calor; el vestido se le había desprendido, dejándola semidesnuda a la luz, que crecía lentamente, de un oscuro amanecer. Donde las llamas le habían arrancado la ropa, la piel de su mujer estaba roja y llena de ampollas. Todavía sostenía el pequeño bulto en sus brazos.

A Lars le dolía todo el cuerpo por las quemaduras en la cara y la espalda, pero estaba más preocupado por el miembro más joven de su pequeña familia. Tocó a su mujer. Temblando, ella abrió los brazos y a él le dio un vuelco el corazón.

Su mujer había utilizado su cuerpo como escudo, y había funcionado. La bebé, acurrucada en sus mantas, dormía profundamente en el pecho de su madre, entera e ilesa.

* * * *

Joseph tuvo que esperar mucho tiempo en aquel pozo mientras sostenía a Florence, permaneciendo allí incluso después de que el cielo dejara de estar lleno de llamas sobre él. Cuando intentó empezar a subir, se encontró con que los lados del pozo estaban tan calientes que apenas podía tocarlos. Florence no podía entenderlo. Gritaba y lloraba mientras Joseph hacía lo posible por evitar que se cayera al agua o que ella misma tocara los lados calientes.

Al final, sin embargo, cuando la luz gris del día empezó a penetrar en el pozo, Joseph se acercó y tocó la pared del pozo para descubrir que estaba lo suficientemente fría como para agarrarse a ella. Sus fuerzas estaban casi agotadas por las horas y horas que había estado sosteniendo a la bebé. No está claro qué profundidad tenía el pozo, ni cómo Joseph mantuvo la cabeza por encima del agua; tanto si tenía algo a lo que agarrarse como si estuvo de pie en el agua todo ese tiempo, debió de estar absolutamente agotado. Sin embargo, se las arregló para salir, sujetando a Florence con un brazo, y se encontró en un mundo que no reconocía.

Todo había desaparecido. El gran bosque que le había rodeado en un muro de majestuoso color otoñal había desaparecido, sustituido por un páramo ennegrecido, nivelado casi hasta el suelo, excepto por unos pocos tocones de hollín que aún humeaban en la mañana gris. La casa había sido arrasada. Era como si nunca hubiera estado allí. Todos los puntos de referencia que Joseph conocía, la belleza que había visto a su alrededor justo el día anterior, habían desaparecido. Era como si hubiera entrado en un planeta extraño e inhóspito.

Dondequiera que mirara Joseph no había nada más que pareciera estar vivo, excepto la bebé, que no dejaba de llorar. Solo cenizas y los pequeños huesos de los animales del bosque. Joseph no podía ver huesos más grandes por ninguna parte, y tampoco podía ver a Martin y Octavia. Habían desaparecido.

Tenía que creer que aún podían estar vivos en algún lugar, aunque no podía imaginar dónde podrían haberse escondido. En cualquier caso, era inútil quedarse allí con la bebé hambrienta y nada más que humo alrededor. Joseph comenzó a caminar, sin saber qué camino tomar, simplemente esperando que quedara algún lugar en el mundo que fuera mejor que este.

Debió ser difícil para él sentir que avanzaba en un mundo que parecía haber sido violentamente despojado de todos sus puntos de referencia. Los gritos de Florence eran cada vez más débiles; la bebé necesitaba alimentarse, pero no parecía haber nada ni siquiera vagamente comestible en ningún lugar que Joseph mirara. Siguió caminando, subiendo y bajando por las colinas ennegrecidas, con sus zapatos arruinados pronto cubiertos de hollín, con los tobillos doloridos al retorcerse en los desniveles quemados del suelo.

Por fin, entre la negrura, Joseph vio algo que se movía. Se apresuró a avanzar. Era una vaca, una de las preciadas vacas lecheras de Wisconsin. Su pelaje olía a pelo quemado, y ella misma se había quemado en el incendio, pero no de forma mortal. Al igual que él y Florence, vagaba por el paisaje vacío, perdida y dolida.

Joseph se dio cuenta de que su ubre estaba llena. De alguna manera, se había encontrado con una vaca lechera, y ella era lo suficientemente dócil como para quedarse quieta mientras él se apresuraba a acercarse a ella. Se limpió las manos como pudo en su abrigo y depositó a Florence en su cesta antes de agacharse junto a la vaca y agarrar uno de sus pezones. Maravillosamente, un gran chorro de leche blanca brotó cálidamente sobre su palma. Joseph agarró a la bebé y le llevó la mano temblorosa a los labios. En cuanto probó la leche, empezó a beber, y Joseph ordeñó un puñado tras otro hasta que la sed de la pequeña Florence quedó más o menos saciada.

La bebé se durmió, pero Joseph no pudo encontrar la misma paz cuando la volvió a meter en su cesta. Todavía no había ninguna señal de los Villers. Se dio cuenta de que no tenía ninguna razón para creer que pudieran seguir vivos.

Joseph se había quedado huérfano por segunda vez en su vida. Con la bebé en brazos, contemplando un mundo desolado bajo un sol oscurecido por el humo, el niño se dio cuenta de que Florence bien podría compartir ahora su destino.

* * * *

El padre Pernin no podía ver nada. Le aterraba moverse, consciente de las llamas y los peligros que le rodeaban, pero igualmente petrificado para quedarse donde estaba. Empezó a dar tumbos, lentamente y con cuidado, con las manos extendidas, mientras intentaba alejarse de los dos peligros que podía oír: los chasquidos de las llamas que seguían ardiendo a su alrededor y el torrente del río a su lado.

Ahora estaba realmente ciego, y se sentía solo y muy vulnerable entre los peligros que le rodeaban. Fue un bendito alivio cuando oyó una voz amiga que le llamaba por su nombre. Al detenerse, el padre Pernin extendió las manos hacia la voz. Dos manos agarraron las suyas; las sintió cálidas, vivas, reales y completas. Podría haber llorado de alivio si sus ojos hubieran funcionado. La voz le dijo que fuera a un lugar seguro, y el padre Pernin se aferró a la mano que le habían ofrecido y la siguió de buena gana a donde fuera que le llevara.

A su alrededor, todavía podía sentir extraños destellos de calor cuando pasaban junto a un fuego. Sus pies crujían sobre las ruinas, y el olor a humo asaltaba sus fosas nasales, ahogando sus ya ardientes pulmones. Caminar seguía siendo difícil, pero siguió avanzando como pudo, esperando la promesa de un santuario.

Y parecía que por fin le llevaban a un lugar seguro. El olor a humo dio paso a algo crujiente, algo más fresco. El sonido del fuego retrocedió detrás de él, y algo suave le rozaba. Cuando alargó la mano para tocarlo, el padre Pernin se dio cuenta de que era una rama de árbol cubierta de hojas. Lo habían llevado a un lugar que no había sido tocado por el fuego. Más tarde, el sacerdote se daría cuenta de que era el mismo valle del río donde había esperado encontrar refugio cuando salió de su pequeño hogar junto a la taberna. La taberna había quedado totalmente destruida: doscientas personas habían muerto en su interior cuando el fuego se acercó y la devoró en cuestión de minutos. El pequeño valle bajo había sido protegido, ya que la tormenta de fuego se había movido tan rápido que pasó por encima sin tocar el interior.

El padre Pernin también oía ahora voces, gente que hablaba, gente que había sobrevivido. Era un alivio inexpresable después de la dolorosa soledad de la orilla del río. Entonces, un sonido espantoso surgió de entre el parloteo tranquilizador. Era el grito agudo y desesperado de alguien con un dolor mortal.

Al padre Pernin se le puso la piel de gallina mientras se esforzaba por ver. Le llevaban hacia una mujer que había sido quemada hasta quedar irreconocible y que, de alguna manera, seguía viva. Parecía que su piel se había derretido, dejando la carne rota y carbonizada. Estaba demasiado débil para mantenerse de pie en el río, pero incluso en la misma orilla del agua, se había quemado casi hasta la muerte.

Como sacerdote, el padre Pernin había atendido a muchos moribundos, y sabía que esta pobre mujer estaba a las puertas de la muerte. Normalmente, estaría comenzando los últimos ritos ahora, administrando el Santísimo Sacramento a esta mujer moribunda por última vez. Pero la Eucaristía se había perdido en algún lugar con el tabernáculo, quemada por lo que él sabía, o quizás arrastrada por el río. Al padre Pernin le dolía el corazón. Se agachó junto a la mujer, tratando de encontrar una parte de ella para tocarla que no resultara en una terrible agonía, e hizo lo mejor que pudo para consolarla. No era mucho; apenas podía hablar, y sus ojos apenas podían abrirse. Sus terribles gritos empezaron a desvanecerse, y por fin, murió.

Ahora era verdaderamente de día, y el mundo había empezado a darse cuenta de que algo horrible había ocurrido en Peshtigo. Aparte de Peshtigo y Sugar Bush, muchos de los pueblos cercanos habían sufrido comparativamente poco. La gente tenía mucha de hambre después de pasar horas huyendo de las llamas o sumergida en el río. El padre Pernin no pudo ofrecer más que palabras de consuelo, diciéndoles que vendría gente de Marinette y que podrían refugiarse en la iglesia, la escuela y el presbiterio que acababan de construirse allí. Algunos hombres fueron a buscar comida, pero solo regresaron con algunas coles crudas que habían encontrado en un campo. Fue una maravilla cuando la ayuda comenzó a llegar esa misma tarde.

La compañía de William Ogden había enviado una tienda para servir de refugio a los heridos. Unas horas más tarde, la gente de la otra parroquia del padre Pernin, Marinette, llegó con carros llenos de café, té y pan. El padre Pernin se alegró mucho de su llegada. Empezaba a preguntarse si el fuego los había consumido como a Peshtigo, pero ahí estaban, poniendo en sus manos bebidas calientes y bollos blandos. Antes de poder comer, el sacerdote tenía que averiguar qué había pasado en el pueblo. Agarró a uno de los hombres que había venido con la comida y le preguntó qué había pasado en Marinette.

Las noticias del hombre fueron positivas. No había muerto nadie; la destrucción no se acercaba a la misma escala devastadora que en Peshtigo, pero se habían perdido muchas casas.

—¿Y la iglesia? —gritó el padre Pernin.

El hombre le dijo que se había quemado. El corazón del sacerdote se hundió. Había perdido sus dos iglesias en una sola noche. Preguntó por el nuevo presbiterio al que debía haberse mudado en pocas semanas.

—Quemado —dijo el hombre.

El padre Pernin se dio cuenta de que ahora no tenía casa.

—¿La nueva escuela? —susurró a través de sus labios agrietados y en carne viva.

—También se quemó —dijo el hombre.

El padre Pernin se dio cuenta, atónito, de que había sobrevivido a aquella terrible noche, pero nada de lo que poseía, ni del edificio que había construido con tanto esfuerzo para sus feligreses, había sobrevivido a la noche con él. Lo había perdido todo, y ahora no tenía dónde llevar a sus feligreses.

Ningún lugar en absoluto.

* * * *

Amelia Desrochers estaba muy callada mientras caminaba de la mano de su madre, mirando lo que había sido del bosque que una vez fue su hogar. Solo el río, con sus aguas turbias y embarradas por los escombros, era más o menos reconocible mientras su familia se dirigía a la granja donde habían vivido hacía apenas 24 horas. Las orillas estaban carbonizadas, despojadas de árboles, la tierra desnuda por los estragos de las llamas.

Había imágenes que ningún niño de cinco años debería haber visto, pero no había forma de proteger a Amelia de lo que había sucedido. Se quedó mirando los cadáveres quemados de los animales salvajes que habían tardado demasiado en huir del peligro, los restos carbonizados del puente. Y tras unos minutos de marcha, dieron con los cadáveres.

La presa del pueblo se había abierto para drenar el río lo suficiente como para que la gente empezara a sacar los cadáveres del agua, y eran muchos. Habían sido arrastrados por la corriente, aplastados por los escombros que flotaban en el río, pisoteados por animales presos del pánico o sucumbidos al asesino de la hipotermia. Por todas partes, los hombres sacaban los cadáveres del agua y los colocaban sobre mantas en la orilla del río. Ahora estaban irreconocibles y a la niña le daban miedo; sus rostros estaban moteados e hinchados, sus ojos vidriosos, abiertos. Pensó en la gente que había visto saltar de la barcaza aterrorizada cuando se incendió. Muchos de ellos se habían ahogado y yacían aquí, en la brutal y sombreada luz del sol, muertos.

Entre ellos había un bebé, rodeado solo por la frialdad de los muertos. Todavía estaba muy vivo, y su grito delgado y carrasposo se elevaba en el bosque desolado. Su visión golpeó tan profundamente el corazón de Amelia que nunca lo olvidaría. Era una marca terrible en su memoria, que permanecería con ella hasta el día de su muerte.

* * * *

Durante tres largos días, tres días que debieron parecer una eternidad, Joseph vagó por el páramo del desierto, con sus brazos rodeando a la pequeña Florence. De algún modo, la vaca debió de sobrevivir, pues también lo hizo la bebé; Joseph se las arregló para alimentarla y cuidarla mientras seguía buscando a sus padres adoptivos.

Pero después de tres días solo en la maldita desolación con una bebé que cuidar, es de imaginar que Joseph, de catorce años, empezaba a perder la esperanza.

No está claro cómo sucedió exactamente. Nunca sabremos si finalmente logró encontrar el camino a Peshtigo o si fueron ellos los que fueron a buscarlo. Pero sí sabemos que, de alguna manera, en otro frío y gris día después del incendio, Joseph se dio la vuelta para ver a Martin y Octavia llamándole.

Ellos también habían sobrevivido al incendio y habían estado buscando a Joseph y a su bebé. Y cuando lo vieron y comprobaron que tenía en sus brazos a la pequeña Florence, sana e ilesa, se alegraron mucho.

El calvario de Joseph había terminado por fin. Corrió hacia sus padres adoptivos, arrojándose a sus brazos y tendiéndoles a su niña. Octavia acercó a la pequeña Florence a su lado, llena de alivio. Durante tres días, ella y Martin habían temido lo peor. Sin embargo, gracias a la valentía del pequeño Joseph, Florence estaba viva y sana.

Muchos de los habitantes de Peshtigo habían muerto entre las llamas. Los que sobrevivieron se consideraron afortunados. Pero su calvario estaba muy lejos de terminar.

Capítulo 7 - Destellos de esperanza

Ilustración IV: El cementerio de incendios de Peshtigo

Cuando la noche se retiró, llevándose el fuego consigo, Abram Place quedó medio asombrado al descubrir que todos sus esfuerzos habían valido la pena. Con la ayuda de los ojibwe, había conseguido salvar su casa. Estaba empapada por sus esfuerzos, y todos estaban agotados, pero había valido la pena. Alrededor de la casa de Abram, el bosque había quedado reducido a una gran cicatriz negra sobre la tierra. Pero su casa seguía en pie. Abram y su familia estaban a salvo.

Los ojibwe se despidieron y se fundieron en el bosque. Ellos también debieron sufrir en el incendio, pero nunca se registró el efecto en su población. Sin embargo, es indudable que la granja de los Place no habría podido sobrevivir sin su ayuda.

A pesar de que Abram era un paria, los habitantes de Peshtigo no tardaron en darse cuenta de que la casa y el granero del rico granjero seguían en pie. Era uno de los únicos edificios que quedaban en toda la zona, por lo que la gente comenzó a acercarse a él, llevando sus heridos, con los ojos afligidos. Solo unos días antes, habían visto a Abram como un don nadie, una plaga en la cara de su sociedad. Ahora, para muchos, era su única esperanza. Abram y su esposa ojibwe abrieron las puertas para recibir a la gente; en los días siguientes, su casa se transformaría en un hospital de campaña para tratar a las numerosas víctimas del incendio.

* * * *

El padre Pernin no fue uno de los heridos que acabaron siendo trasladados al hospital de campaña de la granja de Abram Place. En cambio, sus feligreses llevaron al sacerdote herido de vuelta a Marinette, donde fue entregado a la compasión y los cuidados de uno de sus feligreses de Marinette.

El sacerdote lo había perdido todo, y ahora corría el riesgo de perder la vista e incluso la vida. La inhalación de humo es un asesino insidioso, y las quemaduras también pueden infectarse fácilmente. Después de haber pasado horas en las condiciones más deplorables, el padre Pernin corría un gran riesgo de ambas cosas. Sin embargo, su feligrés le cuidó muy bien y, al cabo de dos días, se recuperó. Pudo volver a caminar y pidió inmediatamente que le llevaran a Peshtigo el martes por la tarde después del incendio. Necesitaba ver qué había sido de su gente allí.

El espectáculo que le esperaba era terrible. Muchas partes de Marinette se habían quemado, pero al menos todavía era reconocible como ciudad. Peshtigo parecía un campo de batalla. Más que eso: parecía que había sido destruido a propósito hasta el último ladrillo, ya que hasta el último edificio había quedado reducido a nada más que a brasas.

Primero, el padre Pernin pidió que le llevaran a su iglesia o a lo que quedaba de ella. Si el fuego no hubiera pasado por Peshtigo, esa iglesia estaría recién revocada. Tal vez incluso habría pensado en celebrar una misa allí el domingo siguiente por primera vez. En lugar de eso, estaba abriéndose paso entre los escombros, meses de duro trabajo reducidos a polvo. La visión más extraña era un charco fundido de lo que antes había sido metal. Era todo lo que quedaba de la campana de la iglesia. Al padre Pernin se le estrujó el corazón al pensar en el tabernáculo que había abandonado.

Esto no era ni de lejos el peor espectáculo que le esperaba en aquel horrible día. Las calles que una vez amó estaban ahora plagadas de cadáveres; la mayoría de ellos estaban carbonizados hasta quedar irreconocibles, tanto que cientos de ellos serían enterrados en una fosa común todos juntos, nunca identificados gracias a lo gravemente quemados que estaban. La gente había quedado reducida a pequeños montones de ceniza. Otros estaban horriblemente hinchados por el agua cuando la gente empezó a sacar a los ahogados del lecho del río. Sin embargo, otros parecían extrañamente pacíficos e intactos; habían muerto de frío tras escapar del calor.

Y lo más trágico de todo es que había quienes se habían degollado y habían matado a sus propios hijos para evitarles la horrenda muerte de quemarse vivos. Encontraron familias enteras juntas que se habían suicidado ante el muro de fuego que se acercaba. El padre Pernin se acordó de las personas de la orilla del río que, desesperadas por cualquier esperanza de supervivencia, se habían detenido y dejado que las llamas vinieran a por ellos cuando estaban a pocos pasos del agua. Se preguntó cuántos de ellos no había podido salvar.

El propio padre Pernin seguía débil y enfermo, pero sabía que su pueblo le necesitaba. Aunque todavía carecía de todo lo necesario para administrar la extremaunción, ya que su iglesia de Marinette también se había quemado, empezó a moverse entre los heridos y los moribundos, ofreciendo oraciones y consuelo allí donde podía. Se sentía pequeño e inútil ante la catástrofe, pero tal vez, esperaba, reconfortaría a algunas personas.

Estaba ocupado atendiendo a los que podía ayudar cuando uno de sus feligreses corrió hacia él con ojos brillantes.

—¡Padre! —le dijo—. ¿Sabe lo que le ha pasado a su tabernáculo?

Por lo que sabía, el tabernáculo tampoco era ahora más que ceniza.

—No —dijo el padre Pernin—. ¿Qué pasa?

El hombre estaba muy entusiasmado—. ¡Venga rápido a ver!

El padre Pernin se apresuró a seguir al feligrés como pudo y se encontró con una visión sorprendente. El tabernáculo por el que había arriesgado su vida no se había perdido en el fuego ni en el agua después de todo. El carro se había volcado y sus restos sobresalían del río, pero la caja de madera blanca del tabernáculo había aterrizado en uno de los troncos que flotaban en el río. De alguna manera, el viento debió de arrastrarla hasta allí; sin duda había sido lo suficientemente fuerte como para hacerlo. Y aunque partes del tronco estaban carbonizadas, el tabernáculo estaba completamente ileso.

Tal vez la visión de esa pequeña caja blanca provocó el primer destello de esperanza que se sintió en el corazón de un residente de Peshtigo durante días y días. Y a medida que pasaban los días, y los ciudadanos empezaban a tratar de comprender lo que serían sus vidas ahora que todo lo que tenían estaba destruido, necesitarían toda la esperanza que pudieran conseguir.

Casi de inmediato, los habitantes de Peshtigo empezaron a tener problemas al buscar la ayuda de sus compatriotas. El primero era que simplemente no había forma de avisar al resto del mundo. Para la mayoría de los estadounidenses, la vida seguía como siempre en Peshtigo. Los postes de telégrafo habían sido destruidos por las llamas hacía mucho tiempo, así que solo cuando un hombre a caballo consiguió abrirse paso por la traicionera carretera de Green Bay, bloqueada por muchos árboles caídos e incendios humeantes, se pudo enviar un telegrama a Chicago. Era sencillo y desgarrador. "Nos estamos quemando. Envíen ayuda".

Fue entonces cuando los habitantes de Peshtigo se dieron cuenta de que su vida ya se había complicado mucho. Porque la misma noche en que Peshtigo se enfrentaba a una tormenta de fuego, el propio Chicago se estaba quemando. El gobernador Lucius Fairchild ya tenía las manos ocupadas tratando de proporcionar ayuda a la ciudad, que había sufrido pérdidas devastadoras, cuando le llegó la noticia de la difícil situación de Peshtigo.

Y la situación de Peshtigo era realmente terrible. Solo en Peshtigo habían muerto mil doscientas personas, dos tercios de su población aniquilada, horriblemente asesinada, en una sola noche. Contando las muertes en Sugar Bush y otros pueblos, es posible que hasta 2.500 personas hayan perecido ese día. Sin embargo, es difícil saberlo porque muchos de los registros de la ciudad también fueron destruidos en el incendio.

Casi dos mil acres de bosques y granjas también fueron destruidos por las llamas. No solo cientos de personas se quedaron sin hogar, sino que el elemento vital de Peshtigo —su madera— quedó diezmado. La pérdida total en términos de dinero fue de unos 169 millones de dólares, lo que equivale a más de 3.000 millones de dólares actualmente.

Chicago había sufrido más o menos las mismas pérdidas, y el gobernador Fairchild se sintió consternado cuando se enteró de lo ocurrido en Peshtigo. Pero los hechos seguían siendo los mismos: tendría que proporcionar ayuda a la ciudad más pequeña también. Un tren de suministros ya se dirigía al norte, a Chicago, y cuando la esposa de Fairchild, Frances, se enteró del incendio de Peshtigo, desvió un vagón para que se dirigiera lo más arriba posible en el ferrocarril en esa dirección. No era mucho, pero fue suficiente para mantener a los ciudadanos con vida mientras Frances Fairchild se ponía a trabajar. Inició una campaña de recolección de mantas en la ciudad de Madison y comenzó a coordinar varios esfuerzos de ayuda, incluyendo la participación del ejército estadounidense.

El ejército fue, al final, uno de los mayores salvadores de Peshtigo. Llegaron a la ciudad enormes donaciones, incluyendo 4.000 mantas, más de 1.500 trajes y 200.000 raciones básicas de comida. Los residentes de Peshtigo finalmente tuvieron casi todo lo que necesitaban para pasar el invierno.

Mientras el frío descendía, la gente al menos tenía algún refugio y suficiente comida y ropa para el invierno. Pero resultó que el invierno era una cosa. La primavera era totalmente distinta.

El habitual y glorioso verde que invadía los bosques de Wisconsin cuando la nieve se retiraba estaba tristemente ausente en 1872. Los efectos del incendio fueron incluso más profundos que la maleza y los árboles que había quemado. El suelo se vio muy afectado por el fuego, su capa de maleza se quemó y el hollín y la ceniza afectaron a su equilibrio. Para empeorar las cosas, los escasos cultivos que los habitantes del pueblo pudieron sacar de la tierra herida fueron destruidos cuando una gran plaga de chinches pardas —más conocidas hoy en día como chinches hediondas— descendió sobre la zona. Los enjambres de insectos devoraron todo lo verde que pudo crecer.

Por si fuera poco, a los bichos les siguió una nube de moscas parásitas. Estas se devoraron a las chinches pardas, lo que al menos provocó una reducción de su número, pero las moscas también revolotearon por toda la ciudad, zumbando en el aire fresco de la primavera y llenando el cielo como lo había hecho el humo en aquella fatídica noche de octubre. Era como si toda la naturaleza se hubiera levantado en armas para expulsar a los desventurados residentes del bosque.

Al final, muchos de los granjeros y leñadores de Peshtigo se dieron cuenta de que no había forma de quedarse allí. La zona se había vuelto casi inhabitable. En un intento de ayudar, el gobierno estadounidense proporcionó a cada familia de Peshtigo 50 dólares y transporte gratuito a cualquier lugar del país al que quisieran ir. El dinero equivaldría a unos 1.000 dólares en la actualidad, y fue suficiente para que las familias pudieran empezar de nuevo en algún lugar muy alejado de la ciudad asolada.

Después de aquella terrible noche en la balsa, Lars Korstad fue una de las personas que aprovechó la oportunidad de dejar atrás Peshtigo para ir a pastos más verdes, o al menos a algún lugar que no estuviera plagado como el Egipto bíblico. Quería que Anna creciera en un lugar verde y feliz, donde hubiera esperanza y alegría y no la desolación que veía en los ojos de los demás habitantes del pueblo. Al principio, Lars quería llevarla a ella y a su esposa a California; la fiebre del oro había abierto el camino para que las familias pioneras hicieran fortuna allí. Sin embargo, al final no abandonó Wisconsin. Trasladó a su familia a la cercana ciudad de LaCrosse, donde Anna creció. Finalmente se casó, convirtiéndose en la Sra. Anna Iverson, y vivió mucho tiempo para contar la historia de sus valientes padres y cómo la habían salvado en medio de la tormenta de fuego.

La familia Desrochers, sin embargo, decidió quedarse en Peshtigo. Eran pioneros de corazón, y aunque sus sueños se habían reducido a cenizas a su alrededor, algo les llamaba a quedarse; la historia ha olvidado qué exactamente. Por la razón que fuera, la familia Desrochers resistió con una tenacidad increíble, reconstruyendo sus vidas a pesar del fuego, los insectos y las moscas, permitiendo a Amelia crecer viendo cómo Peshtigo resurgía de sus cenizas.

Incluso cuando Amelia se hizo adulta, y a pesar de que el trauma de aquel incendio seguía persiguiéndola al escuchar los gritos de aquel bebé solitario cada vez que pasaba por aquel trozo de ribera, nunca abandonó Peshtigo por mucho tiempo. Hizo una vida allí con la gente que quería. Entre ellos estaba Wesley Duket, un compañero superviviente del incendio. Los detalles del incendio permanecerían con Wesley durante el resto de su vida: el pánico de un cobertizo lleno de caballos jóvenes mientras ardían en el granero de su familia, su hermana salvando su máquina de coser envolviéndola en un edredón, el cuerpo de su querida vecina, la señora Reinhart, quemada hasta la muerte. Solo quedaba un trozo de su chal, un trozo que Wesley llevaría en el bolsillo durante años después del suceso. No necesitaba el recordatorio. El trauma de aquel día le acompañaría para siempre.

Amelia quedó igualmente marcada, y sin embargo se quedó en la ciudad que se reconstruyó lentamente durante las décadas siguientes, negándose a renunciar a lo que quedaba de su espíritu pionero a pesar de todo lo que había soportado. Amelia y Wesley se hicieron amigos de por vida. Con el tiempo, ambos acabaron en la misma residencia de ancianos, y pasaron horas juntos recordando tranquilamente mientras contemplaban una Peshtigo reconstruida. Ella murió a una edad avanzada.

En cuanto a Joseph LaCrosse, el resto de la vida del joven huérfano se ha perdido en el tiempo después de su heroico rescate de la bebé Florence y su reunión con Martin y Octavia. Se desvaneció en la historia como si tuviera poca importancia, aunque sí la tuvo, y sus valientes actos perduran en los descendientes de la bebé que rescató de las llamas. La pequeña Florence creció y, con el tiempo, se casó con un hombre llamado Eli Cayemberg. Serían una pareja feliz y definitivamente fértil: hoy en día, existen más de quinientos descendientes de Florence Cayemberg.

La historia puede haber olvidado a Joseph, pero los descendientes de Florence nunca lo hicieron. Décadas después del incendio, erigieron una lápida en memoria del valiente huérfano, sabiendo que, si no se le hubiera ocurrido coger a esa bebé y meterse en ese pozo ante una muerte segura, ninguno de ellos estaría vivo hoy. La piedra sigue en pie en Peshtigo como testimonio silencioso del poder de la compasión y el valor de una sola persona.

* * * *

En cuanto al padre Pernin, él también hizo todo lo posible por aferrarse a Peshtigo durante todo el tiempo que pudo, pero fue en vano.

El obispo de la zona, monseñor Joseph Melcher, vivía en Green Bay, y se horrorizó cuando le llegaron las primeras noticias de Peshtigo, diciéndole que uno de sus sacerdotes más activos y vigorosos, Peter Pernin, había muerto. El pobre obispo apenas podía creer lo que veían sus ojos cuando abrió la puerta de su casa una mañana, aproximadamente una semana después del incendio, y se encontró frente a frente con un aparente espectro: un padre Pernin con cicatrices, ojos rojos y enfermo. Una vez superado el susto inicial, el obispo Melcher se apresuró a hacer pasar al padre Pernin a su casa, encantado de ver que el sacerdote había sobrevivido al incendio.

Sin embargo, era una versión agotada y maltrecha del sacerdote que había conocido antes del incendio. El padre Pernin de unas semanas atrás había sido un personaje ágil y ocupado, que no paraba de hablar de sus planes de construir iglesias y escuelas y presbiterios en dos parroquias diferentes. Este estaba tristemente abatido por todo lo que había vivido. El padre Pernin había recuperado la vista por completo, pero su musculatura se había reducido por el traumatismo, y se movía con cautela y dolor. El corazón del obispo Melcher se volcó en su joven amigo. Se ofreció de inmediato a trasladar al padre Pernin a otra parroquia, a un asentamiento próspero y establecido a cierta distancia, donde no tuviera tanto que hacer.

El padre Pernin consideró la oferta sobriamente durante algún tiempo. Era ciertamente muy atractiva. El trabajo de un párroco podía ser desgarrador en una época como esta. Tendría que tratar de dar sentido a todo esto a personas que creían que acababan de ver el fin del mundo. Había tantas familias con grandes agujeros desgarrados. Tanta gente sufriendo traumas y dolor, gente con preguntas duras y dolorosas, y que acudirían a él en busca de respuestas. Además, la gente no había terminado de morir a causa del incendio de Peshtigo. Muchos seguían sufriendo quemaduras e inhalación de humo; lamentablemente, muchos de ellos morirían en los meses siguientes cuando las infecciones les pasaran factura.

El padre Pernin ya había visto morir a mucha gente. Trasladarse a un asentamiento diferente, en el que solo tuviera que cumplir con la misa y otros rituales, le vendría bien. El propio padre Pernin estaba sufriendo mentalmente después de lo que había visto y experimentado.

Pero no podía aceptar la oferta del obispo Melcher. Su pueblo lo necesitaba. En sus propias palabras, pensó: «Cuánto mejor sería que su pobreza y sus privaciones fueran compartidas por alguien que los conocía y los amaba». El padre Pernin no podía soportar ver cómo Peshtigo se quedaba sin sacerdote o, quizás aún peor, en manos de algún extraño que no entendiera lo que aquella gente acababa de pasar. Él podía irse, pero muchos de sus feligreses no. Abandonarles era impensable. Pidió permiso para quedarse en su parroquia y, a regañadientes, el obispo Melcher se lo concedió.

Fue algo noble, pero imprudente. El padre Pernin habría hecho mejor en seguir el consejo del obispo Melcher. Durante las siguientes semanas, enfrentado una y otra vez a la espantosa realidad de lo que había sucedido en Peshtigo, la salud mental y física del padre Pernin comenzó a fallar. Sus pensamientos se volvieron confusos, oscurecidos por la terrible mancha del trauma, y su antaño poderosa estructura —que había tirado de una calesa como si fuera un caballo— se volvió débil y agotada. Cuando el párroco de Green Bay se acercó al padre Pernin para que predicara por él el día de Todos los Santos, apenas tres semanas después del incendio, comprobó que el sacerdote había quedado reducido a una sombra del hombre poderoso y vigoroso que solía ser. El discurso del padre Pernin era desordenado; sus pensamientos, aún más. El sacerdote de Green Bay llegó a la conclusión de que su desafortunado colega había sufrido daños cerebrales tras la tragedia por la que había pasado. Habló con el obispo Melcher, quien, a su vez, convenció al padre Pernin de que realmente necesitaba alejarse de Peshtigo.

El padre Pernin cedió. Pensó que viajaría a Luisiana y se recuperaría en una parte más cálida y civilizada de los Estados Unidos. Pero su salud era tan mala que incluso ese viaje resultó imposible. Apenas llegó hasta St. Louis, Missouri, antes de que la fiebre le hiciera caer en picado. Los ciudadanos de la ciudad fueron generosos en el cuidado del hombre caído de Dios, pero estaba claro que no podía ir más lejos. Se quedó allí para recuperarse.

De alguna manera, meses después, el padre Pernin se recuperó. Y una vez que pudo, hizo lo que había querido hacer en primer lugar: volvió a las ciudades afectadas de Marinette y Peshtigo.

Allí se le presentó un nuevo problema. La iglesia de Marinette estaba lista para ser reconstruida, pero no había fondos para hacerlo. Todo lo que el propio padre Pernin había poseído había sido destruido en el incendio; la comunidad estaba empobrecida, el paisaje arrasado por las llamas y la gente apenas sobrevivía en Wisconsin. Pero en todo Estados Unidos, la gente era prácticamente ajena a lo que había sucedido. El padre Pernin se dio cuenta de que tenía algo que podía ofrecer al mundo, algo que ayudaría a traer dinero: sus palabras. Y así, el sacerdote tomó la pluma en el papel y compuso su libro, *The Finger of God is There* (El dedo de Dios está ahí), ahora más conocido como *The Great Fire of Peshtigo: An Eyewitness Account* (El gran incendio de Peshtigo: un testimonio ocular). Se publicó en 1874 y sigue siendo un relato impresionantemente vívido de lo que realmente ocurrió aquella noche. El padre Pernin no se limitó a contar su historia. La hizo pasar a la página.

La iglesia de Peshtigo fue reconstruida y convertida en un museo, que sigue abierto hoy en día. La iglesia de Marinette también fue reconstruida, y el padre Pernin serviría allí como sacerdote hasta 1876. A partir de ahí, pasaría el resto de su vida ejerciendo su ministerio en uno u otro pueblo, normalmente en Wisconsin, pero ocasionalmente en Minnesota. Después de 1898, cuando sirvió en la ciudad de Rushford, desaparece de los registros, pero sus intrépidas palabras perduran.

En cuanto al tabernáculo de la iglesia de Peshtigo, el que se había salvado de las llamas gracias a una oportuna ráfaga de viento, desapareció en algún momento en vida del padre Pernin. Durante décadas, su ubicación siguió siendo un total misterio. Más de cien años después, el tabernáculo fue localizado por fin e identificado como el mismo que estuvo a punto de ser arrastrado por el río aquella noche. Hoy se encuentra en el mismo Peshtigo. La mayor parte del año reside en la iglesia de Santa María de Peshtigo (no muy lejos de la casa del padre Pernin y de la iglesia original), donde sigue siendo un símbolo de esperanza para los católicos. Y en verano, se exhibe en el Museo del Fuego de Peshtigo como símbolo de supervivencia para todos.

Capítulo 8 - Compuesto de viento y fuego

Ilustración V: Una tormenta de fuego en Mirror Plateau

Los habitantes de Peshtigo no eran ajenos a los incendios forestales. En un vasto yermo cubierto de árboles, los incendios forestales eran un hecho lamentable de la vida, un azote regular con el que el pueblo tenía que lidiar cada estación seca. Pero el gran incendio de Peshtigo de 1871 fue algo enteramente sin precedentes. Nadie podía ni siquiera esperar prepararse para él, ya que nadie había visto nunca nada parecido.

No fue simplemente el tamaño y la velocidad del fuego lo que lo caracterizó, ni el hecho de que se cobrara tantas vidas. Fueron las cosas extrañas que vieron.

La más extraña de todas, por supuesto, fue la columna de fuego que muchos de ellos vieron acercarse a ellos justo antes de la gran tragedia. Pero también hubo otras cosas, cosas que no tenían sentido. El padre Pernin registró muchas de ellas, escuchando pacientemente a los asustados supervivientes mientras contaban sus historias. Difícilmente les habría creído si no lo hubiera vivido él mismo. Hablaban de arces enteros, no quemados, sino simplemente arrancados del suelo por las raíces, como si una mano gigante los arrancara con la misma facilidad que un jardinero arranca una mala hierba. Esos árboles gigantescos fueron arrojados al suelo en grandes extensiones.

Otros informaron de que habían visto casas de madera enteras levantadas de sus cimientos y lanzadas al aire, donde giraban salvajemente antes de ser consumidas por completo por las llamas, con sus trozos esparcidos por todas partes por el viento. El mismo padre Pernin vio cómo las llamas podían devorar completamente algo tan robusto y poderoso como un gran árbol, ya que se encontró con un lugar en el que las propias raíces se habían quemado hasta el suelo. El sacerdote había introducido su bastón en los agujeros ennegrecidos hasta donde pudo. Las raíces habían desaparecido, quedando solo un poco de ceniza, ya que el fuego había consumido todo el árbol, tanto por encima como por debajo del suelo.

El padre Pernin ya había encontrado su campana de la iglesia derretida, pero había más pruebas alrededor de Peshtigo de que el fuego había sido increíblemente caliente. Barriles enteros llenos de clavos se habían fundido en un charco de hierro caliente, y los cadáveres carbonizados no podían ser identificados ni siquiera por sus relojes de bolsillo porque estos se habían reducido a manchas de metal irreconocible.

Por supuesto, cientos de animales terrestres habían muerto, pero ni siquiera los pájaros ni los peces habían podido huir de la ira del fuego. Los supervivientes hablaron de pájaros que fueron absorbidos por las llamas debido al viento o que incluso se incendiaron mientras volaban, se encendieron sus plumas y las hicieron arder en pleno vuelo.

El destino de los peces fue quizás el más extraño de todos. Muchas clases de peces de todos los tamaños habían muerto en el propio río; a la mañana siguiente flotaban por toda la superficie una macabra colección de flancos brillantes, vientres blancos, aletas húmedas y ojos fijos.

Hubo muchas cosas que los supervivientes contaron y que sus contemporáneos registraron que no cuadraban durante muchos años. De hecho, durante décadas, fue tentador descartar que muchas de las cosas extrañas que se registraron sobre el gran incendio de Peshtigo no fueran más que producto de la imaginación histérica torturada por el trauma y el terror.

Casi 150 años después, sabemos que no es así. Sabemos que lo que la gente vio aquella noche no fue fruto de la histeria. Fue algo muy aterrador, muy raro y muy real, algo que provocaría el mismo tipo de miedo y pánico en la actualidad. Los espantosos testimonios de aquellos supervivientes de ojos salvajes podrían parecer ficción, pero están respaldados por la ciencia.

Los extraños fenómenos llevaron al padre Pernin y a muchos otros, incluidos los científicos de la época, a concluir que el gran incendio de Peshtigo se había producido en presencia de algún tipo de gas inflamable. Muchos especularon que el gas de los pantanos había subido al aire, se había incendiado y luego había ardido en el propio aire. El padre Pernin había visto todo un cielo traspasado por las llamas. Ciertamente había sentido como si el aire que respiraba estuviera en llamas. Esta teoría puede parecer creíble, pero es muy poco probable que fuera el caso.

Sin embargo, al registrar los relatos de los supervivientes, el padre Pernin dio con el verdadero secreto de por qué el gran incendio de Peshtigo se había vuelto tan tremendamente salvaje. Él mismo había tocado la aterradora verdad, aunque no lo supiera, cuando lo llamó "huracán, aparentemente compuesto de viento y fuego juntos".

Muchos de los supervivientes con los que habló el padre Pernin describieron algo a lo que el sacerdote no podía dar sentido, y mucho menos entender, pero había tanta gente que estaba tan convencida de lo que había visto que no podía ignorarlo. Registró el fenómeno en su libro, aunque sonando dudoso sobre si la visión que describía había ocurrido realmente o no. Estos relatos de testigos oculares confirman lo que la ciencia ya sabe.

La gente había hablado de un objeto grande, terrible y flotante que había estado en el cielo cuando la tormenta se les vino encima. Lo describieron como oscuro, negro, o como un globo. Todo lo que tocaba parecía estallar en llamas al instante; a veces, pasaba por delante de grupos enteros de árboles o incluso de casas sin causar ningún daño, y luego incendiaba una línea del bosque de un solo toque. También decían que había girado, dando vueltas a gran velocidad sobre el bosque, como un gran demonio danzante de la muerte.

La gente no había visto un demonio, pero sí algo que infundiría miedo hasta en el corazón más valiente. Habían presenciado un tornado hecho de fuego.

* * * *

La ciencia del gran incendio de Peshtigo es bastante simple de entender, aunque su escala y destrucción son difíciles de comprender.

No hace falta ser un científico para imaginar cómo empezó el fuego. Una sequía había dejado esos bosques secos como la pólvora, y cuando los granjeros y leñadores siguieron utilizando métodos de tala y quema para limpiar sus tierras, provocaron involuntariamente un gran número de pequeños incendios por todos esos bosques de Wisconsin. No hay forma de señalar el origen único del gran incendio de Peshtigo porque no hubo un único origen. Fue el resultado de muchos factores acumulados, y al final del día, todos esos pequeños incendios se unieron y rugieron hasta convertirse en la impresionante fuerza de la naturaleza en la que se convirtió el fuego.

Los vientos fuertes combinados con las condiciones secas hicieron que todo fuera mucho, mucho peor. Una enorme célula de bajas presiones se extendió por la zona en ese momento, provocando vientos increíbles. De hecho, estas células, cuando se combinan con la lluvia, pueden convertirse en huracanes, y esta célula era una situación similar, pero estaba demasiado seca para causar una tormenta de esa naturaleza. En su lugar, simplemente provocó enormes cantidades de viento, y esos vientos avivaron los pequeños incendios hasta la ferocidad.

Para empeorar las cosas, se descubrió recientemente que incluso los pequeños incendios pueden comportarse de forma impredecible y aterradora cuando se enfrentan a vientos de esa magnitud. Los incendios forestales normales se comportan de una manera bastante lógica: los incendios se mueven a favor del viento. Si el viento sopla en una dirección bastante constante, los incendios pequeños pueden ser aislados y controlados. Pero cuando el viento sopla con suficiente fuerza en un campo montañoso, los resultados pueden ser catastróficos. Un incendio que corre cuesta arriba con el viento puede cambiar repentinamente de dirección como resultado de los remolinos de viento. Cuando el viento se mueve demasiado rápido para bajar la colina, sopla en su lugar a través de la cima, creando un vacío que succiona el aire hacia abajo y contra sí mismo, soplando el fuego de nuevo sobre sí mismo. Al no tener ningún otro sitio al que ir, el fuego se ve obligado a desplazarse lateralmente, convirtiéndose en un viento cruzado en lugar de ir a favor del viento. Este fenómeno increíblemente imprevisible puede hacer que los incendios se precipiten en direcciones aparentemente ilógicas, y puede hacer que los incendios pequeños se conecten con los más grandes a una velocidad increíble. Una colina entera puede arder en segundos como resultado de este fenómeno. Así, no tardaron en unirse todos los pequeños fuegos provocados por quienes limpiaban la maleza para la agricultura o la tala de árboles en un enorme incendio.

Cuando un incendio comienza, es impulsado por el clima. Pero si un incendio alcanza proporciones suficientes, ya no depende del estado del tiempo; de hecho, empieza a afectar al clima inmediato, manipulando las condiciones que lo originaron. Esto empezó a ocurrir en Peshtigo cuando el fuego alcanzó un tamaño descomunal.

Para entender este fenómeno, se debe echar un vistazo a la química básica. Los incendios son un subproducto de la combustión, que es una reacción química. En esta reacción, el oxígeno del aire reacciona con los compuestos orgánicos, que contienen carbono e hidrógeno. La reacción libera grandes cantidades de energía en forma de calor, que vemos como llamas, pero también crea productos en forma de dióxido de carbono y agua. El agua, por supuesto, está en su forma gaseosa como vapor de agua debido al intenso calor.

Ahora, volvamos a la física básica. Cuando cualquier sustancia se enfría, las moléculas pierden energía, lo que hace que permanezcan más juntas, dando lugar a un aumento de la densidad. El aire frío es más denso que el aire caliente. Por lo tanto, el aire caliente se elevará sobre el aire frío, al igual que el aceite se eleva sobre el agua. Por supuesto, el enorme fuego comenzó a calentar el aire que lo rodeaba, lo que hizo que ese aire caliente subiera a la atmósfera. El aire caliente arrastraba partículas más ligeras: vapor de agua, humo y cenizas.

Como estas partículas seguían subiendo y subiendo, acumulándose a medida que se producían más y más y el aire caliente seguía subiendo a la atmósfera, empezaron a formar algo extraordinario: una nube. Las nubes formadas por el fuego se denominan pirocúmulos. Muchos incendios pueden formar pirocúmulos, que son inofensivos, pero impresionantes a la vista. Pero en aquella oscura tarde de otoño de 1871, la enorme nube que se formó sobre las furiosas llamas era mucho más que eso. Era una nube pirocumulonimbo, una nube de tormenta creada por el fuego. Estas enormes nubes pueden extenderse más de nueve millas en el cielo, llegando incluso a la propia estratosfera. Y así, una tormenta nace del fuego.

Este fenómeno, conocido como tormenta de fuego, se define como una tormenta eléctrica con su propio sistema de vientos que es generada por un incendio forestal. Un incendio lo suficientemente grande puede crear su propio clima, como una tormenta, donde antes no había nada. Incluso puede provocar un rayo seco. Cruelmente, la ciudad de Peshtigo no había visto tormentas en todo el verano. La nube pirocumulonimbus que se formó ese día sobre el bosque fue la primera nube que los habitantes de la localidad habían visto en meses. ¿Esperaban que la tormenta trajera lluvia y que esta apagara el fuego?

Trágicamente, nada más lejos de la realidad. La tormenta de fuego no hizo más que empeorar la situación.

Gracias al constante movimiento del aire —recuerde que el aire caliente sube a la atmósfera y se enfría, haciendo que vuelva a bajar mientras sube más aire caliente, un proceso conocido como convección— las tormentas pueden generar sus propios vientos, y como la gente de Peshtigo estaba a punto de experimentar, esos vientos pueden ser totalmente devastadores. Cuando la criada del padre Pernin sintió que la jaula de su canario le era arrancada de las manos, probablemente fue por una poderosa ráfaga de viento originada por la propia tormenta de fuego. Estas ráfagas de viento son uno de los fenómenos más peligrosos que puede producir una tormenta de fuego. Se conocen como ráfagas de viento descendente:

grandes empujes verticales de viento que se precipitan hacia el suelo, lo golpean con enorme fuerza y luego se dispersan, enviando ráfagas de viento en todas direcciones. Cuando las borrascas se producen en un incendio, los resultados son realmente desastrosos, ya que los incendios se vuelven completamente imprevisibles.

Una tormenta de fuego puede ser bastante devastadora. Los residentes de Peshtigo estaban en problemas de cualquier manera, pero lo que experimentaron a continuación fue algo que nunca se había registrado antes, algo que el mundo ha visto pocas veces. Es el fenómeno más raro y peligroso que puede crear un incendio: un tornado de fuego.

Cualquier tormenta eléctrica lo suficientemente grande puede crear las condiciones adecuadas para un tornado, y una tormenta de fuego no es una excepción. De hecho, la mayoría de las tormentas de fuego crean pequeños mini-tornados, pequeñas columnas de llamas giratorias llamadas remolinos de fuego. Estos son de corta duración, de pequeña escala y no se mueven muy rápido. Aunque los torbellinos de fuego pueden ser bastante devastadores, son insignificantes comparados con lo que ocurrió en Peshtigo la noche del 8 de octubre de 1871.

Esa noche, la tormenta de fuego creó una columna de convección, un túnel de aire en rotación formado por el ascenso y descenso de aire caliente y frío. Solo que esta vez, la columna no estaba hecha de viento y lluvia como en un tornado. Estaba hecha de viento y llamas, y se movía a gran velocidad. Se caracteriza como un tornado de fuego en contraposición a un torbellino de fuego en parte por el hecho de que todo el conjunto podía elevarse en el aire, despejando el suelo por completo. Los supervivientes que hablaron de cómo el tornado parecía elegir ciertas zonas para la destrucción y dejar otras intactas son prueba de ello, así como la observación del padre Pernin de que las zonas bajas parecían ser las menos afectadas por las llamas.

Los tornados de fuego son imposibles de controlar, incluso hoy en día. Los habitantes de Peshtigo no pudieron hacer nada para detenerlo y muy poco para escapar de él. Los tornados de fuego tienen una fuerza salvaje; se ha registrado que parten árboles por la mitad, arrancan tejados de las casas y lanzan coches por los aires, igual que un tornado normal. Los supervivientes que dijeron al padre Pernin que habían visto casas arrancadas de sus cimientos y lanzadas al cielo no estaban locos después de todo. En un tornado de fuego de esa magnitud, realmente podría haber ocurrido. Las personas que vieron un gran globo negro girando en el cielo estaban viendo realmente la parte superior del tornado; la negrura era causada por el humo.

Por supuesto, el padre Pernin no pudo ver el tornado desde la distancia, ya que su vista estaba bloqueada por árboles y edificios. En cambio, el sacerdote y los que estaban cerca de él quedaron atrapados en el vientre del propio tornado de fuego.

Enfrentados a estas fuerzas de la naturaleza, es realmente sorprendente que alguien en Peshtigo haya sobrevivido, y no es de extrañar que todo el asentamiento de Sugar Bush haya sido arrasado por completo en una sola noche. Hoy en día, las tormentas de fuego y los tornados de fuego siguen ocurriendo, aunque estos últimos son muy raros debido a las condiciones específicas que se requieren para formarlos. Siguen sin poder controlarse y siguen destruyendo muchas casas y granjas, como han hecho durante siglos.

Capítulo 9 - Los incendios forestales a lo largo de la historia de Estados Unidos

Incluso antes de que los europeos pusieran el pie en Estados Unidos, los incendios forestales habían sido un hecho natural y una realidad durante siglos. Se cree que los nativos americanos podrían haber utilizado el fuego como herramienta para limpiar la tierra, luchar contra los enemigos y gestionar los espacios naturales que habían sido su hogar durante generaciones. No tenemos constancia de los incendios anteriores al siglo XIX, pero las historias que podemos contar sobre las llamas que se han producido desde entonces son tan escalofriantes como llenas de heroísmo.

El gran incendio de Peshtigo fue el más mortífero de la historia de Estados Unidos, pero incluso hoy en día, su ocurrencia fue eclipsada por un simple hecho: el gran incendio de Chicago ocurrió la misma noche. Este incendio fue menos mortífero, pero fue mucho más publicitado, lo que hizo que su lugar quedara bien asegurado en la historia, mientras que la devastación de Peshtigo recibió mucha menos atención en la prensa.

El gran incendio de Chicago sigue siendo uno de los más famosos de la historia de Estados Unidos, y quizás parte de ello se deba al pequeño mito que lo acompaña. Un mito que causó a una familia una cantidad interminable de dolor y dificultades.

* * * *

Catherine O'Leary apenas podía creer lo que veían sus ojos.

Cuando oyó que llamaban a su puerta, se sintió desconfiada. Las últimas semanas le habían enseñado que el mundo era un lugar mucho menos hospitalario de lo que creía, y Catherine ya había sentido el peso de la crueldad del mundo. Había emigrado a Chicago desde una Irlanda asolada por la hambruna, y se esforzaba por mantenerse a flote en su casa del suroeste de la ciudad, junto con su marido y sus cinco hijos. Pero desde aquellos horribles dos días de octubre, Catherine se había convertido en el chivo expiatorio de una tragedia que había matado a cientos de personas. Se había enfrentado a tantos periodistas que apenas sabía qué hacer consigo misma.

Pero esto... esto era algo más.

Miró fijamente al hombre jovial de mejillas redondas, con su cabello hacia atrás de gruesos rizos oscuros y ojos brillantes, y tuvo que parpadear varias veces para asegurarse de que no estaba soñando. No lo estaba. Estaba mirando a P. T. Barnum, el dueño del primer circo ambulante de Estados Unidos, y él la miraba con ojos brillantes. En cuanto habló, el motivo de su extraña visita fue inconfundible. Quería a Catherine O'Leary para su circo. Quería exhibirla junto a su famosa sirena de Fiyi y al general Pulgarcito de dos pies de altura porque ella se había convertido, a sus ojos, en una sensación como ellos: una criatura que despertaría la curiosidad y el horror mezclados sobre los que había construido su imperio. Catherine pudo imaginarse a sí misma posando ante multitudes de niños que comían cacahuetes como la mujer que había incendiado Chicago.

Catherine ya estaba harta. Tomando un palo de escoba, persiguió al hombre fuera de su casa, furiosa.

La vida de Catherine cambió el 8 de octubre de 1871, la misma noche en que todo Peshtigo se vio envuelto en un tornado de llamas. Esa fue la noche en que comenzó otro incendio, un incendio que causaría la destrucción de una de las ciudades de más rápido crecimiento de Estados Unidos. Chicago ardió la misma noche que Peshtigo, y los recuerdos de Catherine de ese horrible momento estaban frescos por el trauma. Su marido la había despertado horrorizado aquella noche. "¡Cate, el granero está en llamas!", había gritado. Ella salió corriendo, pero ya era demasiado tarde. El granero que contenía sus cinco vacas lecheras —su único medio de vida— ya estaba envuelto en llamas.

De alguna manera, la casa de la familia O'Leary se salvó, al igual que Catherine, de 44 años, y su familia. Sus pérdidas habían sido grandes, pero podrían haber sido mucho mayores. Catherine estaba agradecida, hasta que aparecieron los primeros periódicos, que contaban la historia que se ha convertido en leyenda. Su vaca había pateado un farol, incendiando el granero y provocando el fuego. Catherine era oficialmente culpable, aunque todas las pruebas apuntaban a que era completamente inocente. La historia probablemente se originó en los niños del vecindario o en un periódico demasiado imaginativo.

Independientemente de cómo se originó el incendio, Chicago estaba con las condiciones adecuadas para el incendio. Había sufrido la misma sequía que Peshtigo, y estaba construida casi totalmente de madera. El fuego se convirtió rápidamente en una tormenta de fuego en toda regla. Si bien no creó el mismo "tornado de fuego" que el de Peshtigo, provocó remolinos de fuego a pesar de que los vientos no eran fuertes esa noche, y estos encendieron una manzana tras otra de edificios de madera seca. Esos remolinos de fuego saltaron a 30 metros en el aire mientras los bomberos desesperados se apresuraban a intentar salvar la ciudad.

Avanzaron un poco más que los habitantes de Peshtigo. La ciudad estaba equipada con bocas de incendio, por lo que estaba más preparada que la pequeña y floreciente ciudad fronteriza. Aun así, lucharon contra el fuego durante dos largos días, y solo cuando empezó a llover el 10 de octubre el fuego se extinguió finalmente. Fueron dos días demasiado largos. Trescientas personas murieron, otras cien mil se quedaron sin hogar y las pérdidas económicas fueron aún mayores que en Peshtigo.

Catherine había perdido su medio de vida, pero también su reputación, sus amistades e incluso su cordura. A pesar de que prender fuego a su granero hubiera sido un acto completamente insensato, la prensa se hizo eco de la historia con entusiasmo. La palabra "xenofobia" aún no era de uso común en 1871, pero el concepto en sí estaba vivo y coleando incluso entonces, ya que las avalanchas de inmigrantes inundaban Chicago. Como inmigrante, Catherine era el blanco perfecto para los poderosos y furiosos nativistas.

Nunca se libraría de la culpa que no merecía. Pasó el resto de su vida moviéndose por la ciudad, tratando de evitar a la prensa, hasta que murió 24 años más tarde de neumonía a la edad de 68 años. Las canciones populares y los mitos sobre ella aún perduran, pero en 1997, la ciudad de Chicago la exoneró formalmente (y a su vaca) de toda culpa por haber iniciado el incendio.

La historia de Catherine O'Leary no fue la única teoría extraña que surgió en relación con aquella noche de octubre de 1871. La misma noche en que ardieron Peshtigo y Chicago, una serie de incendios forestales estallaron por todo Michigan, cobrándose más de quinientas vidas. El hecho de que tantos incendios se iniciaran en la misma noche despertó la atención de muchos académicos. Pensaron que algo tuvo que desencadenarlos todos, algo más que el viento y las condiciones de sequedad. Así nació la teoría del cometa Biela.

Propuesta por primera vez en 1883, la teoría del cometa Biela sobre los incendios de 1871 es que el cometa Biela, que había sido avistado con regularidad antes de mediados del siglo XIX y que luego desapareció misteriosamente para no volver a ser visto, se desintegró en una lluvia de meteoritos que hizo llover rocas espaciales ardientes sobre los secos Estados Unidos, provocando una oleada de incendios desde Illinois hasta Wisconsin. La teoría es intrigante, y ha sido explorada en numerosos trabajos modernos, pero está ampliamente desacreditada por la mayoría de los físicos. Los meteoritos están fríos cuando llegan al suelo. Incluso si todo el cometa hubiera acabado de alguna manera en la atmósfera, es mucho más probable que simplemente hubiera explotado en vez de regar fuego en varios estados.

Hoy en día, la explicación más aceptada para el inicio del gran incendio de Peshtigo es el efecto acumulativo de las condiciones de sequedad y los incendios mal regulados provocados por la mano del hombre. Sin embargo, nadie puede negar que tener tres grandes incendios en una sola noche es una coincidencia verdaderamente espeluznante.

* * * *

1871 no fue la única vez que la zona de los Grandes Lagos se vio afectada por las llamas.

La espesura de los bosques y la constante expansión humana provocaban regularmente condiciones favorables para los incendios. La temporada de incendios forestales era —y sigue siendo— un acontecimiento anual allí, pero la siguiente vez que los incendios se descontrolaron y empezaron a cobrarse vidas humanas a una escala terrible fue en 1881, diez años después. Todavía se utilizaban los rudimentarios métodos de tala y quema, y en septiembre de ese año, en la península del pulgar de Michigan, al igual que había ocurrido en Peshtigo, los enormes vendavales hicieron que los pequeños incendios resultantes se convirtieran en una épica tormenta de fuego.

Los vientos eran tales que podían tirar a la gente al suelo y empujar rocas, según algunos testigos presenciales. El 4 de septiembre, el fuego ya había comenzado en serio. El cielo se oscureció a la hora del almuerzo, el sol era un ojo amarillo que miraba al mundo con furia. Antes de que los habitantes de la zona pudieran reaccionar, la tormenta de fuego estaba sobre ellos.

Doscientas ochenta y dos personas murieron en el Pulgar entre el 4 y el 6 de septiembre. Tres mil cuatrocientos edificios fueron destruidos y quince mil personas se quedaron sin hogar.

De forma inquietante, trece años más tarde, el 4 de septiembre de 1894, volvió a producirse un incendio en la zona de los Grandes Lagos. Esta vez, arrasó el lado de Minnesota del Lago Superior.

Una vez más, un verano seco había dejado los bosques listos para ser utilizados como yesca. La tala y la quema seguían siendo el método preferido para limpiar la tierra, y grandes montones de maleza inútil (conocidos como "slash") yacían entre los árboles. Incluso entonces, a pesar de que la gente trataba de ser lo suficientemente precavida como para no prender fuego a la maleza, las chispas provocadas por el hombre seguían siendo la causa de los incendios. En aquella época, la zona de los Grandes Lagos estaba atravesada por el ferrocarril. Los trenes habían cambiado el transporte para siempre, ya que eran absolutamente inestimables para la gente y la economía de la zona, y eran mucho más profusos que en la época del gran incendio de Peshtigo. Pero tenían sus inconvenientes, y uno de ellos era que la fricción de sus ruedas de hierro sobre las rieles de hierro podía ser lo suficientemente fuerte como para hacer saltar chispas de las rieles. Al aterrizar en la maleza seca, eran más que suficientes para provocar un incendio.

Esta vez, los vientos fueron lo suficientemente fuertes como para que las llamas se convirtieran no solo en una tormenta de fuego, sino en otro devastador tornado de fuego. Las rugientes llamas se elevaron cuatro millas y media en el aire. La gran columna incandescente era visible a trescientos kilómetros de distancia, y allí donde el tornado pasaba, fundía las propias vías férreas, fusionando las ruedas de los vagones abandonados con las vías.

Los trenes que habían provocado el incendio, irónicamente, fueron también uno de los únicos medios de salvación para los que se apresuraron a huir de él. Dos trenes —uno de mercancías y otro de pasajeros— llegaron a la ciudad de Hinckley justo cuando el fuego expulsaba de sus casas a montones de personas petrificadas. Vaciaron sus vagones y subieron a la gente a bordo tan rápido como pudieron, uniéndose para acelerar su huida de las devastadoras llamas. Cargados con cientos de refugiados asustados, con rostros llenos de hollín y ojos aterrorizados, los trenes partieron mientras las llamas les lamían los talones.

Era una tarea que habría amedrentado al más valiente de los hombres, y menos mal que los maquinistas de los dos trenes eran de los más valientes que podía haber. William Barry y Edward Best habían salido para otro día ordinario en los ferrocarriles, pero de repente se encontraron sosteniendo cientos de frágiles destinos humanos en sus manos mientras impulsaban sus motores a su mejor ritmo a través del paisaje ardiente, dejando un rastro blanco de vapor entre el negro rugiente, el gris agitado y el naranja ardiente del mundo en llamas. Estaban empezando a creer que, después de todo, podrían superar el fuego cuando el tren empezó a acercarse al puente sobre el río Kettle. La construcción estaba hecha en gran parte de madera, y se elevaba ciento cincuenta pies por encima de las aguas rápidas que corrían abajo. Y cuando el tren se precipitó sobre él, el puente ya estaba en llamas. Las llamas se extendían en torno a su estructura de madera.

Con las llamas por delante y por detrás, los ingenieros se vieron obligados a elegir entre la sartén y el fuego. Ambos dudaban de que el puente fuera capaz de soportar el peso de dos locomotoras con los vagones completamente cargados. Pero detenerse y permanecer en este lado del río no significaría más que una muerte segura. Al menos, cruzar el puente les daría una oportunidad. Sin embargo, no era una tarea para pusilánimes, y debía de ser necesario tener muchas agallas para empujar esas locomotoras aún más rápido y correr hacia el puente en llamas. Uno solo puede imaginar los gritos de terror que debieron surgir de los vagones repletos cuando los refugiados, presas del pánico, se dieron cuenta de lo que estaban haciendo aquellos maquinistas. Si el puente se doblaba bajo el tren, este caería en picado al río y todos los que iban a bordo perecerían.

El tren resopló y se abrió paso hasta el puente. Temblaba, los refugiados cerraban los ojos y los maquinistas apretaban los dientes, pero ya no había forma de parar. Fueron unos momentos interminablemente largos mientras el gigantesco tren se precipitaba sobre el puente en llamas. Pero por fin, el horrible momento había terminado, y el tren había llegado al otro lado con cientos de almas vivas que conseguirían ver otro amanecer gracias al valor de William Barry y Edward Best. Fue una explosión de valor muy oportuna, además, sin espacio para un momento de vacilación: apenas unos minutos después, todo el puente se desmoronó en trozos carbonizados, que cayeron al río Kettle y fueron arrastrados al olvido.

Las personas que viajaban en el tren se salvaron. Pero en Hinckley y sus pueblos vecinos, cientos de personas no tuvieron tanta suerte. La cifra oficial de muertos del gran incendio de Hinckley de 1894 es de 418, pero en realidad pueden haber perecido cientos más. Al igual que en el gran incendio de Peshtigo, se quemaron tantos registros y quedaron tantos restos irreconocibles por las llamas que es casi imposible saberlo. Doscientos mil acres de tierras de cultivo, bosques y tranquilos suburbios rurales quedaron reducidos a nada más que hollín y cenizas.

* * * *

En un día caluroso, seco y ventoso de octubre de 1918, un coche bajó chirriando por la autopista 73 tan rápido como su conductor pudo empujar el chirriante motor. El conductor estaba con los nudillos blancos, la cara blanca y la mandíbula apretada al volante. El humo cubría la carretera y la visibilidad era casi nula, pero no había opción de reducir la velocidad. A ambos lados de su coche, las llamas le perseguían, lamiendo y escupiendo los flancos brillantes del vehículo como lobos que desgarran los costados de un ciervo cansado. El fuego le estaba ganando. A pesar de que el hombre tenía una máquina brillante de cristal y acero a sus órdenes, estaba huyendo con la misma desesperación simple y primitiva de los animales que se escabullían por el bosque a su lado. Lo único que importaba era la velocidad y la huida.

Había humo por todas partes. El calor de las llamas ya penetraba en el coche, escaldando los lados de su cara mientras conducía cada vez más rápido, desesperado por escapar. Y con el humo tan espeso en el parabrisas, no vio la curva cerrada de la carretera hasta que la tuvo encima, y para entonces ya era demasiado tarde. Tiró con fuerza del volante hacia un lado, pisando el freno, y el coche giró salvajemente. Por un momento, flotó, dejando atrás la carretera, desplazándose lateralmente por el aire. Luego se estrelló contra el suelo. Los cristales se hicieron añicos en todas las direcciones y el vehículo en ruinas se precipitó por el bosque, con su conductor muerto al instante.

Era el 12 de octubre de 1918, y nuestro imaginado conductor estaba al mando de uno de los quince vehículos que se estrellaron ese día en la misma curva cerrada de la carretera 73 mientras sus conductores luchaban por escapar de un destino aterrador. Veinticinco personas murieron en accidentes de tráfico solo en ese tramo de carretera. Huían de una muerte que podría haber sido mucho peor que la rápida y salvaje misericordia de un accidente: la muerte por las llamas del incendio de Cloquet.

El incendio de Cloquet, que comenzó cerca de una vía férrea en Sturgeon Lake (Minnesota), se inició exactamente igual que el gran incendio de Hinckley: una rápida chispa del ferrocarril sobre un montón de hierba seca. La tormenta de fuego resultante tuvo una rapidez brutal que nadie esperaba. A pesar de que los habitantes de la zona disponían de coches para huir, a diferencia de los residentes de

Peshtigo de cincuenta años antes, cientos de ellos no lograron huir de las llamas que los perseguían. La tormenta de fuego se abalanzó sobre los habitantes de Moose Lake con tanta rapidez que doscientos de ellos murieron en sus casas antes de que tuvieran la oportunidad de evacuarlas.

Moose Lake fue uno de los 38 pueblos y aldeas que quedaron horriblemente y sin remedio destruidos en esa pacífica zona rural. Murieron 450 personas y diez mil edificios fueron arrasados, de los cuales 40 eran escuelas. La economía local quedó devastada por la pérdida de cientos de miles de animales de granja, lo que supuso 100 millones de dólares en daños.

La zona de los Grandes Lagos era un foco de incendios, y sufrió terriblemente como consecuencia de estos desastres naturales. Pero dondequiera que haya algo que arda, puede haber tormentas de fuego. El resto de los Estados Unidos no estaba a salvo de los incendios forestales.

Nada lo está.

* * * *

Ed Pulaski pudo ver que el joven estaba al borde del pánico. La extraña luz roja que llenaba el viejo túnel de la mina se reflejaba en los ojos del hombre; estaban blancos de miedo, asombrosamente brillantes en su rostro manchado de hollín. No dejaba de mirar hacia la boca del túnel. El parpadeo de las llamas era apenas visible en el exterior, empujando gruesas volutas de humo hacia el interior del túnel, que se acumulaban y se depositaban contra el bajo techo.

Pulaski tuvo que hacer varios intentos de gritar al joven, luchando por llenar sus pulmones de aire que se había vuelto tóxico por el humo. Le dijo al hombre que se tumbara como estaban haciendo el resto de sus hombres: boca abajo y temblando en el pequeño e inadecuado chorro de agua que corría por el centro del túnel. Pero el hombre estaba demasiado asustado para razonar con él. Retrocedió, dispuesto a salir corriendo.

No había nada más que hacer. Pulaski sabía que, si este muchacho corría, el resto podría seguirlo, y él no había venido hasta aquí para salvar a estos 45 hombres solo para verlos morir como resultado de la locura de uno. Sacando su pistola de la funda, la apuntó al joven, tratando de mantener su voz ronca y cruda lo más seria posible.

Le dijo al chico que se agachara o le dispararía. Y tal vez lo decía en serio: el chasquido de la bala sería mucho más piadoso que las despiadadas llamas del exterior.

Por suerte para Pulaski, la amenaza funcionó. El joven se tiró al suelo y se quedó allí, al igual que Pulaski y todos los demás hombres, mientras afuera, en palabras de Pulaski, "el mundo entero parecía estar en llamas".

Pulaski no podía culpar al joven por estar aterrorizado. Era una época terrible para ser bombero. Desde finales de abril de 1910, Idaho había estado más o menos en llamas durante cuatro meses que parecían interminables. Aquella temporada de incendios había sido una de las más secas y ajetreadas que había visto Pulaski; sin duda, la peor que había visto el incipiente Servicio Forestal, pero eso no era decir mucho, teniendo en cuenta que solo tenía cinco años. Acababan de empezar a pensar que la temporada había terminado por fin cuando llegó el 20 de agosto. Los vientos huracanados habían rugido por todo el estado, convirtiendo los rescoldos en un rugiente muro de fuego que devoraba todo lo que se encontraba en su camino. Los bomberos habían estado en el bosque luchando contra esas llamas durante horas antes de que el Servicio Forestal y el Ejército de los Estados Unidos se dieran cuenta de que era inútil. El día de Pulaski había comenzado como una misión de rescate: fue enviado para recuperar a los equipos de bomberos y llevarlos a casa. No habría forma de detener el fuego. Había que evacuar a todos.

Pulaski había reunido a 45 hombres ese día, y luego el fuego los había alcanzado. Su conocimiento de los senderos que rodean Pacer Creek era lo único que se interponía entre los hombres y su ardiente muerte. Llevarlos al viejo túnel de la mina era su única esperanza.

Pulaski los mantuvo allí hasta que la inhalación de humo lo dejó inconsciente.

Cuando despertó, uno de los hombres les dijo a los demás—: El jefe ha muerto.

Pulaski se incorporó—. ¡Al diablo con eso!

Él estaba muy vivo, pero cinco de los hombres no tuvieron tanta suerte. Con solo cuarenta hombres, Pulaski salió a un mundo que parecía haber perecido en el interminable incendio. Tres millones de acres habían quedado calcinados en lo que se conoció como el gran incendio de 1910, el mayor incendio forestal de la historia de Estados Unidos. Incluso el ejército estadounidense se había desplegado para intentar detener las llamas, incluidos los famosos "soldados búfalo" del 25º de Infantería, pero todo fue en vano. El fuego creció tanto que su hollín llegó hasta Groenlandia; el humo de las llamas hizo toser y chisporrotear a la gente de Nueva Inglaterra, a casi cinco mil kilómetros de distancia.

La pérdida de vidas fue devastadora para la comunidad de bomberos. De las 86 personas que murieron, 78 eran bomberos. Y si no hubiera sido por el rápido pensamiento de Ed Pulaski, ese número habría sido considerablemente mayor.

* * * *

Los incendios forestales no solo forman parte de la historia. La humanidad ha domado, hasta cierto punto, muchos de los males que la han perseguido a lo largo de los milenios, como la viruela y la esclavitud legalizada. Pero el poderoso poder del fuego sigue eludiendo muchos de los intentos de la humanidad por doblegar su espíritu.

Han pasado casi ciento cincuenta años desde el gran incendio de Peshtigo y la actualidad, y se han realizado innumerables y grandes mejoras tanto en la prevención de incendios como en la lucha contra los mismos. Hoy en día, el gran incendio de Peshtigo podría haberse evitado si los pequeños incendios se hubieran apagado antes con la ayuda de helicópteros que lanzan enormes cubos llenos de cientos de kilos de agua. Hombres y mujeres valientes de todo el mundo están ahora capacitados profesionalmente para enfrentarse a estas catástrofes mortales en nombre de sus semejantes. Pero a veces, incluso los mejores y más valientes no son capaces de enfrentarse al poder de la propia Madre Naturaleza.

El incendio Camp Fire de 2018 es la prueba de que las tormentas de fuego siguen siendo un fenómeno que la humanidad no puede esperar controlar. California nunca había sufrido antes el poder abrasador de una tormenta de fuego de la forma en que lo hizo hace apenas unos años.

A partir del 8 de noviembre de 2018, a lo largo de las orillas de Camp Creek en California, un incendio se convirtió en una poderosa tormenta de fuego que engulló 153.000 acres en el norte del estado. Esta vez, uno o dos días no serían suficientes para controlar el fuego. Un millar de bomberos se enfrentaron a las rugientes llamas, y lo hicieron durante más de dos semanas, luchando contra su poder durante diecisiete días seguidos mientras más y más del populoso estado desaparecía en los despiadados estragos de las llamas. Ochenta y cinco personas murieron; dieciocho mil hogares fueron consumidos por el fuego, y toda la ciudad de Paradise fue destruida, al igual que Sugar Bush hace más de un siglo.

Estados Unidos, Canadá, Australia y muchos otros países de todo el mundo siguen luchando regularmente contra los incendios forestales. De hecho, el calentamiento global amenaza con deshacer todo el trabajo por el que los expertos en prevención de incendios han luchado en los últimos dos siglos. Sin embargo, día tras día, en todo el mundo, hay héroes que se interponen entre la humanidad y el poder de los incendios forestales. Y siempre los habrá.

Conclusión

Dondequiera que vaya la catástrofe, le sigue el heroísmo.

Este mundo nunca estará completamente libre de desastres naturales. Vivimos en un universo mucho más grande que nosotros y nos enfrentamos a fuerzas de la naturaleza que apenas podemos comprender, y mucho menos controlar. Basta con contemplar incluso una tormenta ordinaria para sentir lo insignificantes y lo impotentes que somos ante la majestuosa fuerza de la naturaleza. Ninguno de nosotros es capaz de detener un volcán en su camino, desviar un meteorito, calmar un tornado o detener un tsunami. Y ni siquiera los mejores equipos de hombres y mujeres mejor entrenados que el mundo haya visto jamás pueden esperar tener una oportunidad contra el retorcido y vengativo poder de un tornado de fuego.

También es cierto que toda la historia de la humanidad está llena de la historia de su vicio. Hemos sufrido mucho a manos de la Madre Naturaleza, pero hemos sufrido igualmente a manos de los demás. Las personas han matado desde los albores de la raza humana. Cada día, todos nos enfrentamos a diversos grados de maldad y malicia, desde la furia ardiente de la venganza y la crueldad hasta el simple odio de las pequeñas injusticias.

Hay algo en las catástrofes naturales —algo en el hecho de enfrentarse a una fuerza superior a todos nosotros— que hace aflorar la verdadera naturaleza de todas las personas, ya sea cobarde o valiente, egoísta o compasiva. En cada fuego ardiente, habrá alguien que huya y deje que otros perezcan. En cada hambruna, habrá quien robe de la boca de los demás para alimentarse.

Pero también habrá siempre quien se atreva a dar la cara por los demás, quien se sacrificará por las personas que le importan, las conozca bien o no. Siempre habrá personas de corazón puro que se levanten contra el peligro que se avecina y lo afronten de frente por el bien de sus seres queridos, y el gran incendio de Peshtigo no fue una excepción.

Este libro está dedicado a esas almas valientes que se enfrentan al poder destructivo de los incendios forestales. Es para los ojibwe que acudieron en ayuda de Abram Place, honrándolo por su valor al casarse con la mujer que amaba a pesar de lo que la sociedad decía de su unión. Es por el padre Pernin, que se tambaleó a lo largo de las orillas del río, alejando a las personas aturdidas de su muerte y llevándolas a las aguas salvadoras. Es por Lars Korstad, que vertió cubos de agua sobre su mujer y su hija, luchando por salvar a las personas que constituían todo su mundo. Es para la madre de Amelia Desrochers, metiendo los pequeños pies descalzos de su hija en sus zapatos y manteniéndola fresca en la barcaza en llamas mientras otros saltaban al río hacia su muerte. Es por el pequeño Joseph LaCrosse, que cogió en brazos a una bebé que lloraba y corrió para salvarla frente a un muro de llamas. Es por William Barry y Edward Best, que corrieron con su tren sobre un puente en llamas para salvar cientos de vidas. Es por Ed Pulaski, que condujo a 45 bomberos a la relativa seguridad de un viejo túnel de mina. Es por los mil bomberos que lucharon contra el Camp Fire, por los 343 bomberos que murieron en el 11-S y por los hombres y mujeres de todo el mundo que se levantan cada día para correr hacia lugares en llamas cuando todos los demás salen corriendo.

Y es por todos esos héroes sin rostro cuyas hazañas han sido engullidas por la historia o por el fuego. Este libro ha explorado las vidas de las personas que vivieron para contar la historia del gran incendio de Peshtigo, pero muchas de ellas no lo hicieron. Muchas personas murieron tratando de salvar a sus seres queridos, tratando de salvar a extraños, y tratando de salvarse a sí mismos. Ni siquiera sabemos cuántos fueron, ya que incluso los registros de su existencia fueron borrados del mundo por la fuerza de las llamas.

Esto es para ellos. Que sus voces sigan vivas.

Vea más libros escritos por Captivating History

Fuentes

The Wisconsin Historical Society: https://www.wisconsinhistory.org/

The Milwaukee Public Museum: http://mpm.edu/

WHS Library-Archives Staff 2009, *Peshtigo, Wisconsin – A Brief History*, Wisconsin Historical Society, visto el 31 de marzo 2020, <https://www.wisconsinhistory.org/Records/Article/CS2491>

Johnson, M. 2015, *Mastodon mystery*, Journal Sentinel, visto el 31 de marzo 2020, <http://archive.jsonline.com/news/wisconsin/researcher-unravels-century--old-wooly-tale-to-find-truth-behind-legendary-massive-bones-b99502786z1-304635421.html/>

Jovaag, S. 2015, *Geologists Rewrite the Story of Wisconsin's Boaz Mastodon*, Wisconsin Live, visto el 31 de marzo 2020, <https://www.wisconsinlife.org/story/geologists-rewrite-the-story-of-wisconsins-boaz-mastodon/>

Savidge, N. 2015, *Newly discovered roots of Boaz mastodon on display at Wisconsin Science Festival*, Wisconsin State Journal, visto el 31 de marzo 2020, <https://madison.com/wsj/news/local/education/university/newly-discovered-roots-of-boaz-mastodon-on-display-at-wisconsin/article_b4447ea7-1f82-5e72-9264-ca2b4f94c864.html>

Wien, T. *Nicolet, Explorations of,* Dictionary of American History, visto el 31 de marzo 2020, <https://www.encyclopedia.com/people/history/us-history-biographies/jean-nicolet>

Gordon, S. 2017, *Wisconsin's Remaining Effigy Mounds are the Tip of a Historical Iceberg,* WisContext, visto el 31 de marzo 2020, <https://www.wiscontext.org/wisconsins-remaining-effigy-mounds-are-tip-historical-iceberg>

Nelson, C. 2018, *The 1871 Peshtigo Fire: How my Great-Great-Great-Grandparents survived the deadliest fire in U. S. history,* Medium, visto el 1 abril 2020, <https://medium.com/@chrisnelsonMET/the-1871-peshtigo-fire-how-my-great-great-great-grandparents-survived-the-deadliest-fire-in-u-s-e627efd17d13>

Pernin, P. 1874, *The Great Fire of Peshtigo: An Eyewitness Account,* Wisconsin Electric Reader, visto en marzo y abril 2020, <http://digicoll.library.wisc.edu/WIReader/WER2002-0.html>

The Peshtigo Fire Museum website: http://peshtigofiremuseum.com/

Knickelbine, S. 2012, The Great Peshtigo Fire: Stories and Science from America's Deadliest Fire, Wisconsin Historical Society Press

Cayemberg, C. 2011, *Tombstone Tuesday – Eli and Florence Cayemberg,* Have You Seen My Roots?, visto en marzo y abril 2020, <http://haveyouseenmyroots.blogspot.com/2011/01/tombstone-tuesday-eli-and-florence.html>

Cayemberg, C. 2013, *Peshtigo – Recording the Survivors' Tales,* Have You Seen My Roots?, visto en marzo y abril 2020, <http://haveyouseenmyroots.blogspot.com/2011/01/tombstone-tuesday-eli-and-florence.html>

Wells, R. W. 1968, *Fire At Peshtigo,* Internet Archive, visto en marzo y abril 2020.

Kasten, P. 2011, *Tabernacle survives 1871 Peshtigo fire,* Madison Catholic Herald, visto en marzo y abril 2020,

<http://madisoncatholicherald.org/news/state/2556-tabernacle-survives-1871-peshtigo-fire.html>

ABC Science 2013, *Fire tornado: how bushfires create their own weather*, ABC Science, visto el 6 de abril 2020, <https://www.youtube.com/watch?v=rqYEeivt8Eg>

History.com Editors 2019, *Massive fire burns in Wisconsin*, A&E Television Networks, visto en marzo y abril 2020, <https://www.history.com/this-day-in-history/massive-fire-burns-in-wisconsin>

Brown, G. 2017, *A Peshtigo Fire Story of Survival*, Wisconsin Public Radio, visto en marzo y abril 2020, <https://www.wpr.org/peshtigo-fire-story-survival>

Louie, D. 2018, *'Firenado' vs. 'fire whirl' - an expert explains the difference*, visto el 6 de abril 2020, <https://abc7news.com/butte-county-fire-where-is-the-near-me-today-california-wildfire/4657481/>

Mistrokostas, S. 2019, *The 10 deadliest wildfires in US history*, Business Insider, visto el 6 de abril 2020, <https://www.businessinsider.com/the-deadliest-wildfires-in-us-history-2019-2?IR=T>

Hagerty, C. 2019, *The Survivors*, Vox, visto el 6 de abril 2020, <https://www.vox.com/the-highlight/2019/10/16/20908291/camp-fire-wildfire-california-paradise-survivors>

Wootson, C. R. 2018, *The deadliest, most destructive wildfire in California's history has finally been contained*, The Washington Post, visto el 6 de abril 2020, <https://www.washingtonpost.com/nation/2018/11/25/camp-fire-deadliest-wildfire-californias-history-has-been-contained/>

Larson, D. 2014, *Heritage: The 1894 Hinckley Fire Still Echoes for Families Today*, Lake Superior Magazine, visto el 6 de abril 2020, <https://www.lakesuperior.com/the-lake/heritage-the-1894-hinckley-fire-still-echoes-for-families-today/>

History.com Editors 2019, *Fire rages in Minnesota*, A&E Television Networks, visto el 6 de abril 2020, <https://www.history.com/this-day-in-history/fire-rages-in-minnesota>

Anonymous, *Blazing Battles: The 1910 Fire and Its Legacy*, Your National Forests Magazine, visto el 6 de abril 2020, <https://www.nationalforests.org/our-forests/your-national-forests-magazine/blazing-battles-the-1910-fire-and-its-legacy>

Hart, A. 2015, *Idaho history: The Great Forest Fire of 1910 was Idaho's deadliest*, Idaho Statesman, visto el 6 de abril 2020, <https://www.idahostatesman.com/news/local/article41567604.html>

Hardy, M. 2015, *1881 Michigan Fire Forever Changed the Thumb*, ThumbWind, visto el 6 de abril 2020, <https://thumbwind.com/2015/09/11/1881-michigan-fire/>

History.com Editors 2018, *Chicago Fire of 1871*, A&E Television Networks, visto el 6 de abril 2020, <https://www.history.com/topics/19th-century/great-chicago-fire>

Abbott, K. 2012, *What (or Who) Caused the Great Chicago Fire?*, Smithsonian Magazine, visto el 6 de abril 2020, <https://www.smithsonianmag.com/history/what-or-who-caused-the-great-chicago-fire-61481977/>

Baalke, R. 2004, *Could a Meteorite or Comet Cause All the Fires of 1871?*, Meteorite-Identification.com, visto el 6 de abril 2020, <http://meteorite-identification.com/mwnews/08232004.htm>

Goggin, B., and McLaughlin, K. 2018, *A raging wildfire has burned the town of Paradise, California to the ground*, Insider, visto el 6 de abril 2020, <https://www.insider.com/california-fire-burned-town-of-paradise-california-to-the-ground-2018-11>

Ilustraciones:

Ilustración I: https://commons.wikimedia.org/wiki/File:Profile_Portrait_of_Pete_Moos-c1913.jpg

Ilustración II:
https://commons.wikimedia.org/wiki/File:Peshtigo_Harbor,_Wisconsin,_1871.jpg

Ilustración III:
https://commons.wikimedia.org/wiki/File:The_Peshtigo_Fire_showing_people_seeking_refuge_in_the_Peshtigo_River.jpg

Ilustración IV:
https://upload.wikimedia.org/wikipedia/commons/6/6d/PeshtigoFireCemetery.jpg

Ilustración V:
https://commons.wikimedia.org/wiki/File:Firestorm_Mirror_Plateu.jpg

www.ingramcontent.com/pod-product-compliance
Lightning Source LLC
LaVergne TN
LVHW041646060526
838200LV00040B/1732